[illegible]

Inspecteur Général de l'Enseignement technique

LE COMPTABLE HÔTELIER

PAR

A. GIRAUDY
[illegible] de la Chambre Syndicale des Hôteliers de Nice

MADAME A. PONS
Professeur à l'École Pratique d'Industrie Hôtelière de la Côte d'Azur

PARIS
LIBRAIRIE DE L'ENSEIGNEMENT TECHNIQUE
LÉON EYROLLES, ÉDITEUR
[illegible]
[illegible]

LE LIVRE DE LA PROFESSION

Directeur : C. CAILLARD

Inspecteur général de l'Enseignement technique

CONCOURS DE MANUELS

Organisé par le *Sous-Secrétariat d'État* de l'Enseignement technique au *MINISTÈRE de L'INSTRUCTION PUBLIQUE*.

Sur trois prix décernés, en 1921, deux *prix* ont été attribués à des *Manuels* de cette collection, parus au cours de cette même année.

Entreprendre la publication d'une Bibliothèque qui réponde bien à ce titre : *Le Livre de la profession*, voilà la tâche délicate que la **Librairie de l'Enseignement technique** s'est imposée.

Une condition nous a semblé indispensable pour y réussir : Grouper sous une direction unique des **hommes de métier** et des **hommes du métier de l'enseignement**. Nous avons fait appel, d'une part, à des ingénieurs des Arts et Manufactures, à des ingénieurs des Arts et Métiers, à des artisans, à des praticiens distingués ; d'autre part, aux maîtres de l'Enseignement professionnel.

Nos collaborateurs ont rédigé de **petites leçons** méthodiquement graduées, faciles à lire et à comprendre.

Ces leçons, abondamment illustrées de **dessins qui parlent aux yeux** (dessins schématiques, croquis et dessins professionnels, photographies, etc.), sont suivies **d'Interrogations, d'Exercices** et de **Problèmes pratiques.**

Chaque interrogation porte le même numéro que le paragraphe de la leçon où la question est traitée ; ainsi le lecteur peut se contrôler sans le secours de personne.

Chaque exercice est emprunté à la pratique courante du métier ; enfin, chaque problème est une application immédiate de la leçon.

Tout en adoptant ce plan général, nous avons tenu à diviser en deux catégories les ouvrages que nous publions.

Première Catégorie.

Le livre de l'Apprenti et de l'Ouvrier.

Il s'agit là de **manuels** élementaires qui sont, pour la profession, ce que sont, pour l'instruction générale, la petite grammaire bien faite, la petite arithmétique toute simple que l'on met entre les mains des débutants à l'école primaire. Cela — nous le pensons du moins — n'avait jamais été systématiquement entrepris jusqu'à ce jour.

Toutefois, il convient de se rendre compte que ce degré de simplification est commandé par le caractère même de la profession. *L'Horloger*, par exemple, qui, de la première à la dernière page, traite de la mécanique de précision, ne peut pas et ne doit pas emprunter le langage du premier volume de *l'Ajusteur* qui, lui, au contraire, a l'obligation de demeurer dans un domaine très élémentaire. De même, le second volume de l'Ajusteur (*Travail aux Machines*) ne saurait ressembler au premier (*Travail à la Main*), etc.

Ces nuances sont indispensables, mais tous les ouvrages de cette catégorie s'adressent à la fois à l'**ouvrier** et à l'**apprenti**, auditeurs ou non des **cours professionnels.**

Deuxième catégorie.

Le livre de l'Elève de l'Ecole professionnelle
et du futur Contremaître.

Les élèves les mieux doués des écoles professionnelles et les jeunes ouvriers qui ont l'ambition légitime de sortir du rang, ont besoin d'un enseignement pratique et technique, simple également, mais cependant assez riche en explications raisonnées pour leur permettre de dominer leur profession.

Pour eux, il fallait trouver une forme qui ne fût plus tout-à-fait celle qui convient aux débutants et qui ne fût pas davantage celle qu'emploient les livres classiques d'un caractère scolaire et non professionnel.

Question de niveau et de mesure, que nos collaborateurs ont su admirablement résoudre.

Tel est le programme réalisé que nous présentons aujourd'hui.

Avant même toute publicité, le succès de nos ouvrages a été grand, puisque quelques-uns d'entre eux en sont déjà à leur seconde édition. Les **industriels**, les **commerçants**, les **directeurs** et les **professeurs** des **écoles** et des **cours professionnels**, les **ouvriers**, les **employés**, les **apprentis**, les **élèves** ont trouvé, dans le *Livre de la Profession*, l'auxiliaire le mieux approprié à leur formation professionnelle.

Les attestations que nous publions, dans la notice spéciale à chaque ouvrage, en témoignent.

Enfin l'excellente présentation du *Livre de la Profession*, la qualité du papier, la netteté de l'impression, l'abondance des illustrations, la clarté et la parfaite exécution des dessins, ont été et demeurent un appoint considérable au succès de cette Bibliothèque. (1)

---

(1) Voir à la 3e page de la couverture la liste des ouvrages parus et à paraître prochainement.

LE

COMPTABLE HÔTELIER

LE LIVRE DE LA PROFESSION

DIRECTEUR : C. CAILLARD

Inspecteur Général de l'Enseignement technique

LE COMPTABLE HÔTELIER

PAR

A. GIRAUDY

Président de la Chambre Syndicale des Hôteliers de Nice

MADAME A. PONS

Professeur à l'Ecole Pratique d'Industrie Hôtelière de la Côte d'Azur.

PARIS

LIBRAIRIE DE L'ENSEIGNEMENT TECHNIQUE

LÉON EYROLLES, ÉDITEUR

3, *Rue Thénard*, 3

1922

LE COMPTABLE HÔTELIER

CHAPITRE I

GÉNÉRALITÉS

SOMMAIRE : Commerce, commerçants, actes de commerce. — Obligations et avantages des commerçants. — Intermédiaires du commerce.

1. **Commerce.** — Le commerce est l'échange des produits de la nature, des produits de l'industrie, des monnaies, des valeurs et des services, en vue de réaliser des bénéfices.

2. **Commerçants.** — Sont commerçants « ceux qui exercent des actes de commerce et en font leur profession *habituelle*. »

3. **Actes de commerce.** — On entend par *actes de commerce,* des opérations faites par les commerçants, portant sur des valeurs mobilières, en vue de réaliser des bénéfices.

Les articles 632 et 633 du Code de Commerce énumèrent les actes de commerce qui consistent en achats, ventes, location de marchandises, entreprises de manufactures, opérations de banque, de change et courtage, louage de services.

4. **Obligations et avantages du commerçant.** — Le commerçant doit :

1° Etre majeur ;
2° Tenir des livres ;
3° Faire un inventaire annuel ;
4° Payer patente.

En cas de suspension de paiement il doit :

5° Demander, dans le délai de quinze jours, sa mise en liquidation judiciaire ou en faillite ;

6° Publier son contrat de mariage et la séparation de biens, s'il y a lieu.

Le commerçant est électeur et éligible aux Tribunaux et aux Chambres de commerce. Pour tous procès relatifs à son commerce, il relève des Tribunaux de commerce dont la juridiction est simple, rapide et peu coûteuse.

5. **Intermédiaires du commerce.** — Les opérations commerciales sont facilitées par de nombreux intermédiaires : courtiers, commissionnaires, commissionnaires de transport, consignataires, représentants, voyageurs de commerce et placiers pour le commerce des marchandises, banquiers et agents de change pour le commerce des monnaies et valeurs.

QUESTIONNAIRE

1. Qu'est-ce que le commerce ? — **2.** Un hôtelier est-il un commerçant ? Pourquoi ? — **4.** Quels sont les obligations du commerçant et les avantages dont il jouit ? — **5.** Quels sont les intermédiaires du commerce ?

CHAPITRE II

Sommaire : Echanges, ventes, achats. — Exécution de la vente. — Documents relatifs aux échanges. — Acquit, escompte, rabais, bonification, tare.

6. **Echanges, ventes, achats.** — ***Echange.*** — L'échange est un contrat par lequel deux personnes se donnent, *respectivement,* des marchandises estimées de valeurs *équivalentes*.

L'échange en nature est le *troc*.

L'échange de marchandises contre espèces est *l'achat-vente*.

Achat-vente. — L'achat-vente est l'opération par laquelle une personne, appelée *vendeur*, s'engage à *livrer* une certaine quantité de marchandises, à un prix et à une époque fixés, à une deuxième personne, appelée *acheteur*, qui s'engage à en *payer* le prix et à en prendre livraison.

On distingue différentes sortes d'achats-ventes suivant :

a) *l'époque de paiement et la date de livraison de la marchandise* : achat-vente *au comptant*, la marchandise est livrée et payée *immédiatement ;* — *à crédit*, la marchandise est livrée *immédiatement* pour être payée plus tard, à une époque *déterminée ;* — *à terme*, la livraison et le paiement de la marchandise doivent avoir lieu à une époque ultérieure, appelée *liquidation*.

b) *le lieu de livraison :* en gare ou à domicile ;

c) *le paiement du transport :* port dû ou port payé ;

d) *le paiement des droits de douane :* en entrepôt ou à l'acquitté.

7. **Exécution de la vente.** — La marchandise vendue doit être livrée conformément à l'échantillon ou au type désigné par le numéro du prix-courant.

L'acheteur peut, s'il n'en est pas ainsi, *refuser* tout ou partie de la marchandise, réclamer une réduction de prix ou *résilier* le marché.

8. **Documents relatifs aux échanges.** — On désigne ainsi des écrits constatant soit les *conventions* intervenues entre acheteurs et vendeurs, soit la *réalisation* de ces conventions.

Base des écritures comptables, les documents relatifs aux échanges doivent être rédigés très soigneusement, car ils peuvent servir de preuve à chacune des parties. Il est nécessaire d'en faire le double ou la copie, soit à l'aide d'encre communicative ou de papier bleu spécial, soit en employant un carnet à souches, toutes les inscriptions du volant étant reproduites sur la souche ou talon. Ce double ou cette copie doivent être conservés. Ces documents sont : *l'ordre d'achat*, *l'ordre de vente, le bon de livraison* qui, signé, devient le *bon de réception.*

La facture. — La facture est la *note détaillée* des marchandises vendues, accompagnée des *conditions* de vente et de paiement, note que le vendeur remet à l'acheteur.

Il y a deux sortes de factures :

la *facture de place, ou facture simple*, qui accompagne la livraison des marchandises sur la place du domicile du vendeur,

la *facture d'expédition* qui accompagne la marchandise livrée sur une ville autre que celle du domicile du vendeur et contient, en plus, les conditions du transport, les marques et numéros des colis.

On distingue la facture de gros, la facture de détail, la facture à la commission, celle-ci envoyée par un commissionnaire à un commettant (1).

Toute facture se compose de deux parties :

1° L'en-tête qui comprend le nom et l'adresse de l'acheteur et du vendeur, le numéro du téléphone de celui-ci et les conditions de la vente ;

2° Le corps qui renferme les date, numéro, nature, quantité et prix de la marchandise, frais d'expédition et escompte s'il y a lieu.

Relevé de factures ou de compte. — Le relevé est une facture *générale* contenant la liste, par ordre de date, des factures dues par le client.

Dressé, habituellement, à la fin de chaque trimestre, il est ensuite transmis à la personne qui doit, accompagné d'une lettre indiquant le mode de règlement ou d'un avis de traite.

9. **Acquit.** — La facture ou le relevé de factures doivent être acquittés au moment de leur règlement.

(1) On entend par *commettant* celui qui charge un autre de ses intérêts.

L'acquit consiste dans les mots « pour acquit », date et signature, écrits par le vendeur ou apposés au moyen d'un timbre gras. L'acquit doit être timbré à raison de 0,25 jusqu'à 100 francs, 0,50 de 100 fr. à 1000 fr. et 1 fr. au-delà de cette somme. Le timbre doit être oblitéré.

Escompte, rabais, bonification. — *L'escompte* est une réduction de tant pour cent, consentie par le vendeur à l'acheteur. Il varie suivant les conditions de paiement, la nature de la marchandise et les usages de la place.

Le *rabais* est une réduction consentie à l'acheteur au moment du règlement, soit pour compenser une différence de qualité, soit pour engager le client à de nouvelles affaires.

La *bonification* consiste dans la livraison d'une petite quantité en surplus de la quantité stipulée. Elle est accordée pour les mêmes raisons que le rabais.

Poids brut. — On appelle poids brut le poids de la marchandise y compris le poids de l'emballage.

Poids net. — On appelle poids net le poids de la marchandise seule.

Tare. — On appelle tare le poids de l'enveloppe de la marchandise. La tare est égale à la différence entre le poids brut et le poids net.

Elle est dite *conventionnelle* ou *d'usage*, si elle est fixée par un tant pour cent ;

réelle, si elle est égale au poids seul de l'enveloppe,

légale, si elle est conforme aux règles déterminées par la loi de 1866 pour le paiement des droits de douane sur certaines marchandises.

QUESTIONNAIRE

6. Qu'est-ce que l'échange ? Qu'est-ce que l'achat vente ? Combien y a-t-il de sortes d'achats-ventes ? — **8.** Qu'est-ce qu'un document comptable ? Quelle est son utilité ? Quels sont les principaux documents relatifs aux échanges ? Qu'est-ce qu'une facture ? Quelles en sont les différentes sortes ? Qu'est-ce qu'un relevé de factures ? — **9.** Quel est le sens des mots : *rabais*, *escompte*, *bonification* ? Que faut-il entendre par tare ? par tare conventionnelle ? par tare réelle ? par tare légale ?

EXERCICES

1° Etablir, acquitter et timbrer la facture suivante :

Vendeur : Grande Epicerie Malauséna, rue St-François-de-Paule, Nice.
Acheteur : Monsieur Reybaudo, propriétaire de l'hôtel Côte d'Azur.

50 kg. riz Caroline à frs 4,50 le kg. ;
50 kg. lentilles vertes à frs 4,25 le kg. ;
20 boîtes de 1 kg. conserves petits pois, la boîte 4 frs ;
50 boîtes sardines à l'huile à frs 2,95 la boîte,

Date 15 février 1920.
Escompte 3 % pour paiement comptant.

2° Le 15 Mars 1928, nous achetons aux établissements Lunel, marchand de vins à Bordeaux, les marchandises suivantes, expédiées par P. V.

2 barriques vin blanc vieux Eschenauer
à frs 800 la barrique (Initiales H. L.).
2 barriques Graves Eschenauer
à frs 900 la barrique.
10 caisses de 12 bouteilles ch.
Sauternes 1913 à frs 14 la bout.
10 caisses de 12 bouteilles ch.
Sauternes 1916 à frs 16 la bout.
20 caisses de 12 bouteilles ch.
Saint-Emilion à frs 5 la bout.
20 caisses de 12 bouteilles ch.
Saint-Julien à frs 5,50 la bout.

payables à 30 jours sans escompte. Faire la facture.

CHAPITRE III

Sommaire : Règlement des échanges. — Monnaie, reçu, chèque, virement. — Effets de commerce. — Prescriptions relatives aux effets de commerce.

10. **Règlement des échanges.** — Les échanges peuvent se régler au comptant ou à terme.

Au comptant, le règlement s'effectue en monnaie ou espèces, en chèques ou en virements en banque.

A terme, le règlement s'effectue au moyen d'effets de commerce.

11. **Comptant.** — ***Monnaie.*** — On appelle monnaie une marchandise qui, étant acceptée de tous, sert d'intermédiaire pour les échanges et d'unité pour mesurer la valeur des objets.

Chez les peuples civilisés, l'or et et l'argent constituent la *monnaie métallique* ou réelle.

On entend par *monnaie fiduciaire* des titres en papier acceptés à la place de la monnaie métallique pour une somme déterminée inscrite sur le titre.

Le type de la monnaie fiduciaire est le billet de banque émis en France par la Banque de France.

Ces deux monnaies constituent la monnaie *légale*.

12. **Reçu.** — On entend par reçu un écrit donné par une personne qui a reçu une somme ou des valeurs, à celle qui les lui a remises.

Le reçu peut être simple ou extrait d'un registre à souches. Il doit mentionner la raison du versement. Tout reçu donné contre une somme supérieure à 10 francs doit être timbré comme l'acquit de la facture.

MODÈLE DE REÇU A SOUCHE

Souche		Reçu
Date : 1/10/18 N° 28 Somme : **500** francs Nom : M. Ch. Martin.	Reçu Reçu Reçu Reçu Reçu Reçu	Lyon, le 1er octobre 19.. B. F. F. **500** fr **00** N° 28 *Reçu de Monsieur* **Charles Martin** *la somme de* **Cinq cents francs** *montant d'un trimestre de loyer d'avance (du 1er Octobre au 31 Décembre 19. .) pour l'appartement que je lui loue dans mon immeuble, 16, rue de France, au 3e étage.* R. Durand. Timbre 0.50

13. **Chèque.** — Le chèque est un écrit qui, sous la forme d'un mandat de paiement, permet de retirer des fonds *déposés* dans une banque et *disponibles*.

Le chèque peut être créé à l'ordre du *tireur*, c'est-à-dire de la personne qui l'a émis ou d'un tiers désigné ou au porteur. Il est toujours à vue, le délai de paiement étant de cinq jours sur la même ville et de huit jours de place à place.

Le chèque énonce le lieu où il a été émis et la date de sa confection. La date doit être écrite en toutes lettres de la main du tireur.

Pour tout chèque non daté ou portant une fausse date, le tireur est passible d'une amende de 6 % de la valeur du chèque, avec minimum de 100 francs.

Celui qui touche un chèque doit l'acquitter et dater l'acquit. Le payeur est, sans cela, passible d'une amende de 62 fr. 50. Le timbre du chèque est de 0 fr. 10 sur la même ville et de 0 fr. 20 d'une ville sur une autre.

Le banquier remet, en général, à tout déposant un carnet de chèques timbrés à *l'extraordinaire*, c'est-à-dire timbrés à l'avance par l'Administration du timbre.

MODÈLE DE CHÈQUE

Talon	Chèque
SÉRIE M N° 315	Dater en toutes lettres. Bordeaux, le dix février 19... — Timbre 0.10
Solde . . . . 98 520 fr. 80	SÉRIE M N° 315 B. F. F. 2.200 fr. 00
Retrait . . . 2.200	**CRÉDIT COMMERCIAL**
Solde à nouveau. 96.320 fr. 80	Sté Ame fondée en 1864 - Capital 160 millions
Bordeaux, le 10 février 19...	*Payez à* **M. Rivière,** *de Bordeaux, la somme de*
Ordre RIVIÈRE.	***deux mille deux cents francs.***
	LARRIEU.

14. **Virement.** — Le virement est une opération qui consiste à inscrire *simultanément* le montant d'une dette au

débit du compte du *débiteur* et au *crédit* du compte du *créancier*, de manière à éteindre la dette.

Cette inscription est faite sur le vu d'un bon de virement rempli par le débiteur et ainsi libellé :

Lieu et date.
Nîmes, le 10 janvier 19..,

Timbre fixe 0.10

Virement de francs : **Cinq cents.**

La **Banque de France** (Nimes), *est priée de porter au Crédit de* **M. Roux,** *la somme de*
(créancier)

Cinq cents francs

dont elle débitera le compte de **Ghis.**

Signature :
(le débiteur) GHIS.

15. **Effets de commerce.** — Les opérations à terme sont réglées au moyen d'effets de commerce. On appelle effets de commerce des *écrits* créés par les commerçants pour *faciliter* les opérations à terme et à crédit.

Les principaux sont : *le billet à ordre* et la *lettre de change*.

Tous les effets de commerce sont soumis, au moment de leur création, à un droit de timbre proportionnel à leur valeur qui est de 0,05 par 100 francs ou fraction de 100 francs. Ce timbre peut être frappé à l'extraordinaire ou être apposé sous forme de timbre mobile (1).

Ils sont tous à ordre et, par suite, transmissibles par endossement.

16. **Billet à ordre.** — Le billet à ordre est un écrit par lequel une personne, le *souscripteur*, *promet* de payer à une autre personne, le *bénéficiaire*, à une échéance déterminée, une somme fixée, en compensation d'une *valeur* reçue.

(1) *Nota.* Le timbre des effets de commerce est de 0 fr. 10 par 100 fr. au lieu de 0 fr. 05 lorsque l'échéance est à plus de 6 mois.

Le billet simple est un billet sur lequel la mention « à ordre » a été supprimée, il ne vaut que comme simple promesse.

Le billet au porteur ne porte pas le nom du bénéficiaire, mais la mention « au porteur ». Il est transmissible par simple tradition ; il est peu employé en raison des risques de perte ou de vol qu'il comporte.

MODÈLE DE BILLET A ORDRE

Quincaillerie en Gros
15, rue de Rivoli, PARIS
BERNARD FRÈRES.

PARIS, le 15 Avril 19... B. P. F. **1350** fr. **00**

Au quinze juillet prochain, je paierai à l'ordre de **M. Ernest** *de cette ville, la somme de*

Mille trois cent cinquante francs

valeur en marchandises.

N° 123. J. BERNARD.

Timbre 0.70

17. **Lettre de change.** — La lettre de change est un écrit par lequel un *créancier invite* son débiteur à *payer*, à une époque et dans un lieu fixés, une somme déterminée, à l'ordre d'un *tiers* qui lui en a remis, ou lui en remettra, la *valeur*.

Le créancier qui crée ou *tire* la lettre de change est le *tireur*, le débiteur qui doit la payer est le *tiré*, celui qui doit en toucher le montant est le *bénéficiaire*.

MODÈLE DE LETTRE DE CHANGE

Chapellerie
12, rue de la Mésange, STRASBOURG
AMBRUSTER.

Accepté pr deux cent dix-sept fr. cinquante
BROCARD.

STRASBOURG, le 5 janvier 19... B. P. F. **217** fr. **50**

Au trente-et-un mars, veuillez payer à l'ordre de **M. Klein** *de Marseille, la somme de*

Deux cent dix-sept francs cinquante

valeur en marchandises.

à M. BROCARD,
12, rue de la Paix,
Marseille.

AMBRUSTER.

Timbre 0.15

18. Prescriptions relatives aux effets de commerce. — ***Provision.*** — On entend par provision la valeur, remise par le tireur au tiré, qui justifie le paiement de la lettre de change par ce dernier.

Cette valeur peut consister en marchandises ou en espèces ; elle peut être constituée à un moment quelconque ; il suffit qu'elle existe au moment de l'échéance.

Acceptation. — L'acceptation est l'engagement pris par le tiré de payer la lettre de change à son échéance. Cet engagement s'exprime par le mot « accepté », écrit par le tiré et suivi de la signature de celui-ci, en travers de la lettre de change. L'acceptation peut être totale ou partielle, datée ou non datée.

La lettre de change est fréquemment appelée *traite* dans les rapports du tireur avec le tiré et *remise* dans les rapports du tiré avec le bénéficiare.

19. Formalités communes au billet à ordre et à la lettre de change. — ***Endossement.*** — L'endossement est une mention écrite portée au *dos* des effets à ordre pour en transmettre la propriété à l'ordre d'une personne désignée. Voici la formule d'usage concernant l'endossement :

Payez à l'ordre de M. Vial.

Valeur en {
marchandises (si le nouveau bénéficiaire est le fournisseur de l'endosseur).
compte ou reçue comptant (si le bénéficiaire est le banquier de l'endosseur).
}

Lieu et date, Marseille, le dix janvier 19...

Signature du cédant ou du précédent bénéficiaire. Klein.

Aval. — L'aval est le cautionnement fourni par un tiers à l'un des « solidaires » de la lettre de change. Il peut consister dans les mots *Bon pour aval* suivis de la signature. Généralement, dans le commerce, il est exprimé sous forme d'endossement.

Domiciliation. — La domiciliation est une mention indiquant le nom et l'adresse de la personne chez qui l'effet sera payable à son échéance. Elle se place au-dessous de la signature du souscripteur ou du tiré.

Solidarité. — Toutes les personnes dont la signature figure sur un effet de commerce (souscripteur, tireur, tiré, endosseur), sont garantes, solidairement, du paiement de cet effet envers le porteur, au jour de l'échéance. Toutefois, le porteur doit remplir certaines formalités pour pouvoir exercer son recours contre les personnes *solidaires*.

Paiement. — Il appartient au porteur de demander le paiement le jour de l'échéance (le lendemain si c'est un jour férié) et d'acquitter l'effet s'il en touche le montant. En cas de non paiement, il doit faire constater le refus, le lendemain de l'échéance, par un acte d'huissier appelé *protêt*.

Protêt. — Le protêt est un acte authentique dressé par un huissier ou, à défaut, par un notaire, constatant le refus de paiement ou le refus de l'acceptation d'un effet de commerce. Le porteur d'un effet protesté doit dénoncer le protêt à tous les garants solidaires dans les quinze jours de sa date.

Retraite. — La retraite est la lettre de change que le porteur d'un effet protesté tire sur son cédant pour se faire rembourser.

Elle est égale au montant de la première traite plus le compte de retour, ce compte comprenant les frais de protêt et l'intérêt de la première échéance jusqu'à la date de la deuxième.

Sans frais. — La mention *sans frais*, inscrite par le tireur au-dessous de sa signature, dispense le bénéficiaire de faire dresser un protêt, tout en lui maintenant son recours contre les solidaires, à condition que ceux-ci l'aient tous reproduite au-dessous de leur signature.

Traites tirées en plusieurs exemplaires. — Une traite est quelquefois tirée sur un pays lointain. Dans ce cas, pour éviter dans le paiement tout retard provenant, par exemple, de la perte du document, on expédie trois traites par des voies différentes, en ayant soin d'inscrire cette mention supplémentaire : payez par cette 1re de change, la 2e et la 3e ne l'étant; payez par cette 2e de change, la 1re et la 3e ne l'étant; etc.

QUESTIONNAIRE

10. — Comment peut-on régler les échanges ? — **11.** Qu'est-ce que la monnaie ? — **12.** Qu'est-ce qu'un reçu simple ? Un reçu à souche ? Quelles sont les principales mentions d'un reçu ? — **13.** Qu'est-ce que le chèque ? — Comment écrit-on la date de confection du chèque ? Par qui est signé le chèque ? Un chèque non signé est-il payable par la banque ? Quelle est l'utilité du chèque ? — **14.** Qu'est-ce qu'un virement ? Quelle est son utilité ? — **15.** Comment sont réglées les opérations à terme ? Quels sont les principaux effets de commerce ? — **16.** — Qu'est-ce que le billet à ordre ? Combien de personnes interviennent dans le billet à ordre ? Quelles sont les principales mentions qu'il comporte ? — **17.** Qu'est-ce que la lettre de change ? Comment désigne-t-on chacune des trois personnes qui interviennent dans une lettre de change ? D'où vient cette désignation ? — **18.** Qu'est-ce que la provision ? — Qu'est-ce que l'acceptation ? — **19.** Qu'est-ce que l'endossement ? Quelle est la formule de l'endossement ? Qu'est-ce que la domiciliation ? Quelle est la condition qui donne aux effets de commerce une solide garantie de paiement ? A quelle date une traite est-elle payable ? Comment appelle-t-on l'écrit qui constate un refus de paiement ? Que signifie la mention « sans frais » écrite sur une lettre de change ?

EXERCICES

1. Le 1er avril, nous payons à Cassin, en ville, la somme de 1200 frs à valoir sur ce que nous lui devons. Faire le reçu (acquitté et timbré).

2. Le 30 septembre, le locataire d'un de nos immeubles, situé 48, rue de France, 3e étage, nous paie un semestre de loyer d'avance du 30 septembre 19. . au 30 mars 19. . . — Somme 1.000 frs. Faire le reçu extrait d'un registre à souche (timbre et acquit).

3. Le 10 mai, je paie mon tailleur Morel au moyen d'un chèque à son ordre, sur le Crédit Lyonnais, mon banquier.

Faire le chèque. . . . . . . 800 frs.

4. Le 16 mai, je reprends chez mon banquier Leriche et Cie une somme de 500 frs. (Cte N° 5020 — N° 175 série M). — Rédigez le chèque (talon et volant).

5. Le 25 mai, j'envoie à mon créancier Lunel, à Bordeaux, un chèque à son ordre de 1200 frs sur la Société Générale. Faire le chèque.

2

6. Vous venez d'emprunter (le 12 avril) à M. Giraud, une somme de 300 frs que vous vous engagez à lui rembourser le 31 mai, en souscrivant un billet de pareille somme à son ordre. Rédigez ce billet. Timbre.

7. Vous souscrivez à l'ordre de MM. Duthilleul et Minard, vos fournisseurs à Paris, un billet de 875 fr. 75 à l'échéance du 30 avril. Faire ce billet.

8. Le 15 juin, la maison Briffault, de Paris, vous envoie, à l'acceptation, une traite tirée sur vous à l'ordre du Crédit commercial de Paris, en remboursement de sa facture de 1400 frs (échéance 30 septembre). Rédigez la traite et acceptez-la.

9. Le 15 juin, nous réglons comme suit notre fournisseur Payen et Cie, de cette ville :

1° Un chèque à son ordre sur la Banque de France, notre banquier (succursale de Bourges), s'élevant à 1000 fr. ;

2° Un billet à son ordre de 450 fr. 40 au 31 juillet prochain, domicilié à la Banque de France (notre banquier). Rédigez le chèque et le billet.

10. Le 5 avril, vous fournissez une traite à votre ordre de 1.050 frs 60 sur Raybaut, 15, boulevard Victor-Hugo à Orléans, à fin mai et vous mettez la mention sans frais. Le 12 avril vous l'endossez, valeur en compte, à l'ordre de Massard et Cie de votre ville. Le 25 avril, Massard et Cie la remettent en compte au Crédit Commercial (leur banquier) qui l'encaisse et l'acquitte. Rédigez la traite, les endossements, l'acquit.

11. Le 8 mars, vous réglez votre fournisseur Leroux de cette ville au moyen d'un bon de virement sur la Banque de France, votre banquier commun... 350 frs. Rédigez le bon de virement.

CHAPITRE IV

OPÉRATIONS DE BANQUE

SOMMAIRE : Dépôts. — Escompte des effets de commerce. — Encaissements, effets, factures, reçus. — Avances sur titres. — Garde de titres et location de coffres-forts. — Paiement de coupons. — Émission de titres. — Ordres de bourse. — Ouverture de comptes courants.

20. **Fonction essentielle des banques.** — Les banques sont des établissements publics ou privés dont toutes les opérations portent sur la circulation de la monnaie et des va-

leurs qui la représentent. Elles reçoivent des capitalistes, en dépôts productifs d'intérêt, les sommes dont ils n'ont pas l'emploi immédiat et, d'autre part, elles mettent à la disposition du commerce et de l'industrie, moyennant intérêt également, des capitaux, soit en escomptant les effets de commerce, soit en consentant des avances sur garanties ou des ouvertures de crédit.

Les banques se chargent, en outre, de tous encaissements, moyennant commission, du paiement d'effets de commerce, de factures, etc... ; elles conservent en dépôt les valeurs mobilières et objets précieux, louent des coffres-forts, émettent des titres, reçoivent des ordres de bourse.

21. **Dépôts.** — Il existe trois sortes de dépôts en banque :

1° les *dépôts à vue* remboursables sur présentation d'un chèque ou du reçu du client ; intérêt 2 à 3 %, ;

2° les *dépôts à préavis* remboursables 5, 7, 9 jours après avis donné à la banque ; intérêt 3 à 4 % ;

3° les *dépôts à échéance fixe* remboursables à une échéance déterminée ; intérêt 4 à 5 %. Ces derniers sont peu usités.

Les dépôts sont toujours accompagnés d'un bordereau de versement rempli par le déposant et détaillant les effets ou espèces versés en banque.

Le déposant reçoit en échange un carnet de chèques lui permettant d'effectuer ses retraits.

22. **Escompte des effets de commerce.** — Les banquiers achètent les effets de commerce moyennant une commission, un escompte et un change de place s'il y a lieu.

Escompter un effet de commerce, c'est l'acheter.

Négocier un effet de commerce, c'est le vendre.

La valeur portée sur l'effet et qu'il a le jour de l'échéance est *la valeur nominale*.

La valeur payée par le banquier au jour de la négociation

BANQUE NATIONALE DE CRÉDIT

Société Anonyme au Capital de 10.000.000

Lyon, le 15 juin 19..

BORDEREAU des effets remis à l'escompte par MONSIEUR GIRARD, *commerçant*, 65, Boulevard de la République.

5 effets, VALEUR NOMINALE : *Huit mille trois cent quarante-cinq 25.*
VALEUR ACTUELLE : *Huit mille deux cent soixante-dix-huit 14.*

N°s	SOMMES	VILLES	ECHÉANCES	Jours	Escompte ou Nombres	TAUX	Produit du change	OBSERVATIONS
1	2.355 00	Montpellier.	Juin 30	15	5 89	1/12	1 95	
2	1.423 50	Nîmes.	Juillet 15	30	7 12	»	1 18	
3	1.331 75	Marseille.	Juillet 31	46	10 20	»	1 11	
4	2.120 00	Aix-en-Provence.	Août 3	49	17 31	1/10	2 12	
5	1.115 00	Lyon.	Août 7	53	9 83	P		
	8.345 25	Valeur nominale.			50 32		6 36	
		50,32 Escompte 6 %.						
		6,36 Change de placc.						S. E. O.
		10,43 Common 1/8 %.						*Lyon, 15 juin 19..*
	67 11	Agio.						Signature,
	8 278 14	Val. actuelle à ce jour.						

est la *valeur nette ou actuelle,* c'est-à-dire la valeur nominale diminuée de l'agio.

L'*agio* est donc la différence entre la valeur nominale et la valeur actuelle.

Il comprend :

l'*escompte* ou tant °/₀ calculé proportionnellement au taux, au capital et au temps ;

la commission ou rétribution propre du banquier, qui varie de 1/2 à 1 1/2 °/₀ et se calcule sur la valeur nominale de l'effet ;

le change de place (tant pour cent variant suivant les localités) qui compense les frais occasionnés par l'encaissement et le retour des fonds ; le change se calcule également sur la valeur nominale de l'effet.

La Banque de France ne sert aucun intérêt à ses déposants, mais, par contre, elle leur escompte les effets *au pair*, c'est-à-dire sans prélever de commission.

Bordereau d'escompte. — Le bordereau d'escompte est la liste détaillée des effets remis à l'escompte par un commerçant, transcrite sur un imprimé spécial remis par la Banque. Le banquier calcule l'escompte, le change et la commission et retranche leur total de la valeur nominale pour obtenir le montant de la valeur actuelle au jour de la négociation.

23. **Encaissements et paiements des effets de commerce, factures, reçus.** — Les banquiers se chargent de tous recouvrements à des conditions plus réduites que l'Administration des Postes. Ils effectuent, d'autre part, des paiements, transports de fonds, virements, moyennant commission. Nombre de commerçants chargent la banque de payer tous effets souscrits ou acceptés par eux : c'est la *domiciliation* des effets de commerce qui consiste à écrire, au-dessous de la signature du souscripteur ou du tiré, l'indication de la Banque chargée d'effectuer les paiements.

24. Avances sur titres. — Les banquiers consentent des avances de fonds moyennant la remise en gage, chez eux, de valeurs qu'ils ont agréées.

On appelle *pourcentage* de l'avance au titre, le tant % qu'ils avancent et qui varie suivant les valeurs. Le taux de l'intérêt prélevé pour ces avances est, en général, le même que le taux de l'escompte.

25. Ouvertures de crédits. — Les banquiers ouvrent différentes sortes de crédit à leurs clients :

1° *le crédit à découvert*, ou avance en compte courant pour lequel il n'est pas exigé de garanties ; le client paye en plus de l'intérêt une commission supplémentaire ;

2° *le crédit confirmé*, donné par lettre d'ouverture de crédit en échange de documents (factures, connaissements, police d'assurance) remis en garantie au banquier et qu'il rendra à son client contre remboursement de son avance ;

3° *le crédit hypothécaire*, consenti sur garantie d'hypothèques prises sur un immeuble et remboursables dans un certain nombre d'années ;

4° *le crédit par acceptation* par lequel le banquier autorise son client à tirer sur lui des traites dont le montant et les échéances ont été déterminées à l'avance. Au moment des échéances, le client fournit le montant des traites.

En outre, il existe des lettres de crédit circulaires à l'usage des voyageurs de commerce et des touristes. Voyageurs ou touristes déposent à la banque une certaine somme qu'ils pourront toucher en une ou plusieurs fois dans des villes déterminées à l'avance. Ils évitent ainsi les risques de perte ou de vol en cours de route.

26. Garde de titres et location de coffres-forts. — Les banquiers reçoivent en dépôt des titres moyennant un droit de garde fixé pour 1 à 3 titres de même nature. Ils se chargent d'encaisser les coupons qu'ils portent au crédit du déposant et de vérifier les tirages au sort pour les titres remboursables avec ou sans lots.

De plus, toutes les banques louent des casiers de coffres-forts dont le client a seul la clef et le secret et dans lesquels il peut déposer à son gré valeurs, monnaie, objets précieux.

27. **Paiement de coupons.** — Les banquiers se chargent d'encaisser les coupons de toutes les valeurs mobilières moyennant une commision.

Ils consentent aussi *l'escompte des coupons* ayant un maximum de trois mois à courir.

28. **Emission de titres.** — Les banquiers servent d'intermédiaire entre un état, une ville, une société qui émettent des titres et les capitalistes à la recherche de placement pour leurs capitaux.

Les différentes valeurs mobilières émises sont :

les actions, ou parts de capital dans une société, qui donnent droit à un intérêt fixe et à un dividende ou bénéfice variable ;

les obligations, ou parts d'emprunt contracté par une ville ou une société, dont les titres, garantis par le capital action, rapportent seulement un intérêt fixe, mais sont remboursables le plus souvent avec primes ou lots ;

les fonds d'Etat, ou emprunts contractés par un Etat, représentés par des titres de rente. Il existe en France deux sortes de rentes : la rente *perpétuelle*, titre d'Etat sans engagement de remboursement à date fixée (3 °/₀ et 4 °/₀ perpétuelle, par exemple) ; la rente *amortissable*, titre d'Etat sous engagement de remboursement dans un délai déterminé (3 °/₀ 4 °/₀ amortissable, par exemple).

Ces valeurs mobilières sont représentées par trois catégories de titres : *titres nominatifs*, portant le nom du propriétaire et dont les intérêts sont payables à présentation des titres ; *titres au porteur*, désignés par un simple numéro d'ordre et auxquels sont reliés par un pointillé des coupons d'intérêt à échéances ; *titres mixtes*, les plus commodes, portant le nom du propriétaire et munis de coupons d'intérêts.

29. **Ordres de bourse.** — Les banquiers reçoivent des ordres d'achat de valeurs mobilières qu'ils transmettent aux agents de change. Ils revendent certaines valeurs de placement.

30. **Ouverture de comptes courants.** — Les banquiers ouvrent à leurs clients des comptes spéciaux appelés C/Courants et d'Intérêts. Non seulement les débits et crédits s'y balancent au règlement, mais ces comptes sont encore productifs d'intérêts depuis l'échéance de chacune des sommes qui y sont portées jusqu'à la date de l'arrêté du compte.

On appelle *échéance* la date à partir de laquelle une somme commence à porter intérêt.

Il existe différentes méthodes de calcul pour les comptes courants et d'intérêts :

1° la méthode directe ;

2° la méthode indirecte (la plus usitée) ;

3° la méthode hambourgeoise (de moins en moins employée).

Quelle que soit la méthode appliquée, le principe est le même. On ne passe pas écriture de la totalité des intérêts du Doit et de l'Avoir, mais seulement de la différence entre les intérêts du Doit et de l'Avoir.

Exemple. — Le débit du client, c'est-à-dire les retraits ou paiements effectués pour son compte, a produit un intérêt de 68,50. L'avoir, constitué par les dépôts ou encaissements pour son compte, a produit un intérêt de 126 fr. On passera écriture à son *Avoir* de la différence soit : 126,00 — 68,50 = 57,50.

La durée des comptes courants est en général de trois à six mois.

Le compte courant est disposé comme un compte du *Grand Livre*, par *Doit* et *Avoir*, mais il comprend un plus grand nombre de colonnes pour le calcul de l'intérêt.

Méthode directe. — *Calcul.* — Toutes les sommes portées en compte ont une échéance particulière. Pour chacune d'elles :

1° on calcule le nombre de jours qui s'écoule depuis l'échéance jusqu'à la date d'arrêté du compte et on l'inscrit dans une colonne spéciale ;

2° on calcule les intérêts proportionnels au taux, au capital, au nombre de jours pour toutes les sommes du Doit et de l'Avoir et on les inscrit dans la colonne des intérêts ;

3° on additionne séparément les intérêts du Doit et de l'Avoir, on fait la différence entre les deux totaux et on capitalise cette différence du côté des intérêts les plus forts, c'est-à-dire du côté qui a fourni cet excédent d'intérêt ;

4° on porte pour balance cette différence du côté opposé dans la colonne des intérêts les plus faibles ;

5° on fait la différence entre les capitaux du Doit et de l'Avoir y compris les intérêts capitalisés ; cette différence, ou solde des capitaux, est portée du côté le plus faible comme balance pour arrêter le compte courant ;

6° on fait les totaux égaux qui sont soulignés d'un double trait et on rouvre le compte courant avec le solde à nouveau du côté opposé à celui où il a été porté pour arrêter le compte.

Intérêts Rouges. — Dans le cas où l'échéance de l'une des sommes est postérieure à la date de l'arrêté du compte, l'intérêt calculé depuis cette date d'arrêté jusqu'à l'échéance doit être retranché de la somme. A cet effet, on l'inscrit en rouge pour le différencier des autres. Si la somme qui l'a fourni est au Doit, au lieu de le retrancher du Doit, on l'ajoute à l'Avoir et inversement.

Méthode indirecte. — La méthode indirecte permet de commencer les calculs d'intérêts avant de connaître la date d'arrêté du compte ; elle évite les intérêts rouges, sauf dans les cas très rares de sommes omises ou de retour d'effets impayés.

COMPTES COURANTS ET D'INTÉRÊTS

Méthode Directe

Doit Monsieur BERNARD *son compte courant et d'intérêt arrêté au 30 Juin 19.. au Crédit Commercial au taux de 6 °/₀ l'an.* **Avoir**

Doit

Dates	Libellés	Sommes		Échéances	Jours	Intérêts	
Avril 13	Son chèque nº 1	1.500	»	Avril 12	79	19	75
Avril 28	Son chèque nº 2	1.700	»	Avril 27	64	18	13
Mai 3	Effet Amiens domicilié	1 535	»	Mai 10	51	13	03
	Balance des intérêts						
	Balance des capitaux	9.311	31			56	06
		14.046	31			106	97

Avoir

Dates	Libellés	Sommes		Échéances	Jours	Intérêts	
Avril 1er	Solde à nouveau	3.250	25	Mars 31	91	42	29
Avril 25	Son dépôt	2.720	»	Avril 26	65	29	46
Mai 25	Son dépôt	2,720	»	Mai 26	35	15	86
Juin 15	Chèque Max à s/o/	5.300	»	Juin 16	14	12	36
	Intérêt en sa faveur	56	06				
		14.046	31			106	97
Juil. 1er	Solde à nouveau	9.311	31				

Méthode Indirecte

Doit Monsieur BERNARD *son compte courant et d'intérêt arrêté au 30 Juin 19.. au Crédit Commercial au taux de 6 °/₀ l'an.* **Avoir**

Doit

Dates	Libellés	Sommes		Échéances	Jours	Intérêts	
Avril 13	Son chèque nº 1	1 500	»	Avril 12	12	3	»
Avril 28	Son chèque nº 2	1 700	»	Avril 27	27	7	63
Mai 3	Effet Amiens domicilié	1.535	»	Mai 10	40	10	22
	Intérêt sur 9.255,25 ber prov. des cux			Juin 30	91	40	36
	Balance des capitaux	9 311	31				
		14.046	31			161	21

Avoir

Dates	Libellés	Sommes		Échéances	Jours	Intérêts	
Avril 1er	Solde à nouveau	3.250	25	Mars 31		Epoq	ue
Avril 25	Son dépôt	2.720	»	Avril 26	26	11	77
Mai 25	Son dépôt	2 720	»	Mai 26	56	25	38
Juin 15	Chèque Max à s/o/	5.300	»	Juin 16	77	68	»
	Intérêt et balance des intérêts	56	06			56	06
		14 046	31			161	21
Juil. 1er	Solde à nouveau	9.311	31				

S. E. et O.

Nimes, 30 juin 19..

PAUL.

Principe. — Par cette méthode, tous les capitaux sont ramenés à leur valeur actuelle à une date arbitrairement choisie ou *époque*. Dès que la date d'arrêté du compte est connue, on calcule les intérêts depuis l'époque jusqu'à la date d'arrêté du compte et on les ajoute à la valeur actuelle.

Calcul. — 1° On choisit, comme date initiale ou époque, la date d'ouverture du compte ou l'échéance la plus ancienne ;

2° on calcule, en rétrogradant, le nombre de jours qui s'écoule depuis l'échéance de chacune des sommes jusqu'à l'époque ;

3° on compte les intérêts correspondants ;

4° la date d'arrêté du compte étant connue, on fait la balance provisoire des capitaux et on calcule l'intérêt sur cette balance, depuis l'époque jusqu'à la date d'arrêté, c'est-à-dire pour toute la durée du compte courant ; si cette balance est débitrice, on porte l'intérêt à l'Avoir, si elle est créditrice, on porte l'intérêt au Doit ;

5° on fait la différence des intérêts du Doit et de l'Avoir (y compris l'intérêt de la balance provisoire), on la porte comme balance du côté le plus faible en intérêts et on la capitalise du même côté ;

6° on fait la différence entre les capitaux du Doit et de l'Avoir (y compris la balance des intérêts) et on la porte du côté le plus faible ;

7° on arrête les comptes en faisant les totaux, qui sont égaux deux à deux, des capitaux et des intérêts au Doit et à l'Avoir ;

8° on rouvre le compte à la date du lendemain avec le solde à nouveau qui a, comme échéance, la date de clôture.

QUESTIONNAIRE

20. Quelle est l'utilité des banques au point de vue hôtelier ? — **21.** Quels sont les avantages des dépôts de fonds chez un banquier ? — **22.** Qu'entend-on par escompte d'un effet de commerce ? — **23.** Les banquiers encaissent-ils et payent-ils eux-mêmes chèques, effets de commerce, reçus ? — **24-25.** Un hôtelier a besoin de fonds, comment pourra-t il s'en procurer ...ez un banquier ? — **26.** Comment éviter les risques de pertes ou de vols pour tous titres ou objets précieux ? Qu'entend-on par coupons ? — **27.** Qui peut en effectuer l'encaissement ? — **28.** Quel est le rôle d'une banque quand elle est chargée, par une société, de procéder à une émission de titres ? Qu'entend-on par valeurs mobilières ? — **29.** A qui s'adresse-t-on pour en acheter ? — **30.** Qu'entend-on par compte courant ? Qu'est-ce qui constitue le débit, le crédit d'un compte ?

EXERCICES

Sur la Tenue du Compte du Déposant

1. — *Le 1er juin*, vous déposez au Crédit Lyonnais, votre banquier, une somme de 20.000 frs.

Le 10 juin, vous retirez par chèque . . . . 1.200 frs.

Le 15 — le Crédit Lyonnais paie pour votre compte un billet à o/ de 800

Le 22 juin, vous déposez 2.500

Le 28 — vous retirez par chèque 765

Le 30 — le Crédit Lyonnais vend pour votre compte deux obligations du Crédit Foncier 1.000

Représentez le compte que vous ouvre votre banquier Crédit Lyonnais ; fermez à la date du 30 juin et rouvrez le 1er juillet.

2. — Calculez le compte courant de Germain au Crédit commercial, d'après les données suivantes (Méthode directe, parties aliquotes. — Intérêt 1 % arrêté le 31 décembre 19 .).

Juillet 10 : Germain dépose . . . . 10.000 frs.
— *14* : Germain retire chèque N° 21. 300
— *16* : Germain dépose espèces 2.000
Août 10 : Germain retire chèque N° 22. 555
— *21* : Le Crédit Commercial encaisse pour Germain 5 coupons Ville de Paris. . . . . 137,50.
Octobre 15 : Germain dépose espèces 780
Novembre 30 : Germain retire chèque N° 23. . . . . . 2.715,25.
Décembre 31 : Germain — — N° 24. 630

3. — Compte courant de dépôt de Verdier à la Société Marseillaise. (Intérêt 2 %. — Méthode indirecte. — Arrêt 30 juin).

Janvier 1er : Solde créditeur ancien . . . . . . 2.625,75.
— *15* : Achat pour compte de Verdier emprunt Crédit National . . . . 495 frs.
Janvier 31 : Verdier retire chèque N° 501. 252
Février 6 : Verdier dépose espèces 800
— *24* : Société Marseillaise vend pour compte Verdier 6 obligations Métropolitains . . . . 2.405,05.
Mars 31 : Encaissé pour Verdier 10 coup. Raffineries St-Louis 896,50.

Juin 30 : Verdier retire chèque N° 502 . . . . 325 frs.

4. — Passer au Journal les articles suivants :

1° Versé en dépôt au Crédit Commercial espèces . . . 30.000

2° Retiré un chèque à mon ordre N° 5008 . . . . . 5.000

3° Réglé facture Béri au moyen d'un chèque N° 5011 à son ordre sur le Crédit Commercial 800

4° Le Crédit Commercial m'informe qu'il a payé pour mon compte à Reybaut une somme de 250

5° Réglé facture Bernard au moyen d'un bon de virement sur le Crédit Commercial. 520

6° Payé au Crédit Commercial pour la location d'un compartiment de coffre-fort (pour un an) une somme de. 50

7° Le Crédit Commercial m'informe que mon compte de dépôt à 3 %, arrêté le 31 décembre, a produit un intérêt en ma faveur. . . . . 9,30.

CHAPITRE V

SOMMAIRE : Comptabilité. — Tenue des Livres, but du compte. — Arrêter, rouvrir, solder le compte. — Comptabilité à partie double, à partie simple.

31. **La Comptabilité** est la science des comptes.

Elle nous enseigne à enregistrer toutes les opérations relatives à une maison commerciale de manière à suivre ses affaires avec netteté et précision et à obtenir des résultats exacts en fin d'exercice.

32. **Tenue des Livres.** — *La tenue des Livres* est l'art d'inscrire méthodiquement, sur les livres de commerce, les opérations déterminées par la comptabilité.

Le but de la comptabilité et de la Tenue des Livres peut se résumer ainsi :

1° Classification des opérations au moyen des comptes.
2° Inscription des opérations dans les livres.
3° Contrôle des écritures au moyen des balances.
4° Etablissement des résultats par l'inventaire.

MODÈLE DE COMPTE

DUPONT

Doit — *Avoir*

19..					19..				
—					—				
Janvier	1	M/ remise Amiens	415	60	Janvier	3	S/ facture.	416	60
Février	8	M/ acceptation	1000	»	»	25	S/ facture.	1050	»
»	25	M/ facture.	695	»	Mars	1	S/ versement	1000	»
Mars	19	M/ chèque	1500	»	»	15	S/ remise Paris.	537	65
»	31	Solde créditeur	632	95	»	17	S/ facture.	1240	30
			4243	55				4243	55
					Avril	11	A nouveau	632	95

33. **Du compte.** — Un compte est un tableau portant le nom d'une personne ou d'une valeur, tableau divisé en deux par une ligne verticale (dans la pratique, reliure du registre). Du côté droit, appelé *Doit* ou *Débit*, on inscrit toutes les valeurs *reçues* par le titulaire du compte et les *pertes* qu'il a subies ; du côté gauche, appelé *Avoir* ou *Crédit*, on inscrit les valeurs *fournies* et les bénéfices *réalisés*.

Le chef de maison ouvre autant de comptes qu'il le juge utile pour la clarté de ses écritures.

Disposition du compte : Chacun des côtés du compte se compose d'au moins quatre colonnes :

1° Date des opérations,

2° Indication du livre ou de la pièce comptable : origine de l'opération,

3° Libellé explicatif du mouvement des valeurs,

4° Somme reçue ou fournie par le titulaire du compte.

Solde d'un compte : On appelle ainsi la *différence* entre le Doit et l'Avoir.

Le solde est *débiteur* quand le Doit dépasse l'Avoir.

Le solde est *créditeur* quand l'Avoir dépasse le Doit.

Régler, arrêter ou solder un compte : Les comptes se règlent d'ordinaire à *l'inventaire*. Les comptes courants de personnes peuvent se régler par trimestre.

Pour arrêter un compte, on calcule le *solde* qui est porté du côté le plus faible avec la mention *Solde créditeur* s'il est fourni par l'Avoir, *Solde débiteur* s'il est fourni par le Doit. On tire un trait à la même hauteur, on fait les totaux qui doivent être égaux et on les souligne d'un double trait.

Réouverture du compte : Si le solde du compte n'est pas payé immédiatement, il est porté en compte du côté qui l'a fourni, c'est-à-dire du côté opposé à celui où il a été porté pour arrêter le compte, avec le libellé *Solde à nouveau*.

34. **Comptabilité à partie simple et à partie double.** — Il existe deux méthodes de comptabilité, la comptabilité à partie simple et la comptabilité à partie double.

1° Comptabilité a partie simple. Le commerçant n'ouvre aucun compte le représentant personnellement. Il ouvre seulement *les comptes de ses créanciers et débiteurs* et ne connaît la situation de sa maison qu'à l'aide de ses livres auxiliaires et de la position des comptes de ses correspondants.

Cette méthode, peu précise, est de plus en plus abandonnée.

2° Comptabilité a partie double. La comptabilité à partie double est basée sur l'observation suivante : Dans toute opération commerciale, deux parties interviennent, une qui *fournit la valeur,* une deuxième qui *reçoit la valeur.*

Le commerçant est toujours l'une des parties en jeu ; donc, pour chaque opération, il devra faire intervenir, non seulement le compte de son correspondant, mais encore un deuxième compte le représentant lui-même.

Le premier compte sera débité ou crédité et, inversement, le deuxième sera crédité ou débité. Les deux se contrôleront et permettront de vérifier la justesse des écritures à l'aide de la « Balance mensuelle. »

QUESTIONNAIRE

31. Qu'est-ce que la comptabilité ? — **32.** Qu'est-ce que la tenue des livres ? — **33.** Qu'est-ce qu'un compte ? Choisissez un exemple et tracez un compte. Qu'est-ce que *débiter un compte* ? Qu'est-ce que *solder un compte* ? Qu'est-ce que *créditer un compte* ? Qu'est-ce que *rouvrir un compte* ? — **34.** Qu'est-ce que la comptabilité à partie simple ? Qu'est-ce que la comptabilité à partie double ? Quelle est la plus employée ? Quel est le *principe* de la comptabilité à partie double ?

CHAPITRE VI

SOMMAIRE : *Classification des Comptes.*

- 1° Comptes représentant le Chef de la maison
  - 1° Capital
  - 2° Comptes de valeurs
    - a) *Valeurs disponibles* : Caisse, Effets à recevoir, Marchandises
    - b) *Valeurs immobilisées* : Mobilier, Matériel, Agencement, Argenterie, etc.
    - c) *Valeurs engagées* : Frais généraux, Effets à payer, Cuisine, Cave, etc.
  - 3° Comptes de résultats
    - Exploitation
    - Pertes et profits et ses subdivisions
- 2° Comptes représentant les tiers
  - Fournisseurs, Clients, Banquiers
  - Compte collectif Voyageurs (à l'hôtel)

35. **Classification des comptes.** — Les comptes ouverts par le commerçant peuvent être classés en deux groupes :

1° COMPTES REPRÉSENTANT LE CHEF DE MAISON : Ils sont aussi nombreux qu'on le juge nécessaire pour les besoins du commerce et se subdivisent eux-mêmes en plusieurs catégories.

2° COMPTES REPRÉSENTANT LES TIERS avec lesquels le commerçant est en relations d'affaires et qui sont tous de même nature.

36. I. Comptes représentant le Chef de maison :

1° CAPITAL : Ce compte représente l'apport fourni par le commerçant ou les associés ; il est crédité des valeurs apportées par eux pour la marche de l'entreprise et du bénéfice à l'inventaire ; il est débité des pertes, s'il y a lieu.

2° Comptes de Valeurs : Ces comptes se subdivisent eux-mêmes en plusieurs catégories, d'après la destination donnée aux valeurs qu'ils représentent.

a) *Comptes des valeurs disponibles :*

1° *Compte de Caisse :* Ce compte représente le montant des espèces, il est *débité* des encaissements et *crédité* des paiements.

Il est complété, à l'hôtel, par un compte recette appelé *Caisse Hôtel* où sont portés tous les paiements faits par les voyageurs. Périodiquement, les sommes encaissées sont versées dans le compte de Caisse dit alors Caisse générale.

2° *Compte de Marchandises :* Ce compte représente le montant des marchandises ; il est *débité* des achats et frais divers occasionnés par ces achats et *crédité* des ventes.

3° *Compte d'Effets à recevoir :* Ce compte représente les effets de commerce reçus en paiement. Il est *débité* des billets souscrits à l'ordre du commerçant, des traites tirées par lui sur des tiers et de tous effets endossés à son profit, *crédité* de ces mêmes effets encaissés à l'échéance ou endossés à des fournisseurs ou à des banquiers.

Dans cette catégorie de comptes, seul le compte de Caisse intéresse l'hôtelier.

b) *Comptes des valeurs immobilisées :*

Ces comptes sont importants à l'hôtel et dans l'industrie ; ils sont secondaires dans une maison de commerce. Ils représentent les valeurs : *Mobilier, Matériel, Outillage*, etc... qui sont indispensables pour l'exploitation commerciale. Ils sont *débités* des achats et *crédités* des ventes, s'il y a lieu (mobilier, outillage hors d'usage ou démodé).

Ces valeurs sont dépréciées chaque jour par l'usage. Pour compenser cette dépréciation, on prélève chaque année une part de bénéfice que l'on verse dans un *compte d'amortissement.*

A l'hôtel, il est préférable d'employer ce prélèvement à

entretenir le matériel et le mobilier et à le renouveler partiellement.

c) *Comptes des valeurs engagées* :

On comprend dans cette catégorie les *Frais généraux*, les *Effets à payer*, les comptes de *Cuisine*, de *Cave*, etc.

Frais généraux : Les frais généraux représentent l'ensemble des dépenses que le commerçant doit engager pour le fonctionnement de son entreprise. Ce compte est *débité* du loyer échu, des impôts, des assurances, chauffage, éclairage, appointements et salaires, etc... Il est *crédité*, à l'inventaire, par son virement soit dans le *compte Exploitation*, soit dans le *compte de Pertes et Profits*.

Compte d'Effets à payer : Ce compte représente les effets souscrits par le commerçant pour remplacer la monnaie. A l'hôtel, comme dans une maison de commerce, les fournisseurs sont réglés généralement par traites. Le compte d'effets à payer est *crédité* des effets souscrits et des traites acceptées par le commerçant à la date de leur confection ; il est *débité* de ces mêmes effets quand ils sont acquittés à l'échéance.

Comptes de Cuisine et de Cave : Ces comptes existent à l'hôtel et non dans une maison de commerce ou une industrie. Ils sont *débités* des achats de vivres, vins, liqueurs ; ils sont *crédités*, au moment de l'inventaire ou périodiquement, par leur virement au *débit* du compte Exploitation.

d) *Comptes de résultats* :

Les deux principaux comptes de résultats sont : *Exploitation* et *Pertes et Profits*. Ce dernier comprend de nombreuses subdivisions.

Le compte Exploitation est *crédité* du chiffre de consommation journalière des voyageurs et *débité* des rabais et ristournes. A l'inventaire, ou par périodes, il est débité du coût de l'entreprise par *Cave*, *Cuisine*, *Frais généraux* et donne ainsi, par son solde, le résultat brut de l'entreprise.

SCHÉMA REPRÉSENTANT LE MOUVEMENT DES COMPTES SPÉCIAUX A L'HOTELLERIE

CUISINE. — CAVE. — FRAIS GÉNÉRAUX. — EXPLOITATION — VOYAGEURS.

D.	CUISINE A.
à *Caisse Gle.* à *Fournisseurs*	par *Exploitation*.

D.	CAVE A.
à *Caisse Gle* à *Fournisseurs*.	par *Exploitation*

D.	FRAIS GÉNÉRAUX A.
à *Caisse Gle*. à *Fournisseurs*.	par *Exploitation*.

D	EXPLOITATION A
à *Cuisine*. à *Cave*. à *Frais Gaux* à *Voyageurs* (rabais, notes impayées). à *P et Profits*.	par *Voyageurs*

D	VOYAGEURS A.
à *Exploitation*.	par *Caisse hôtel*. par *Exploitation*. (rabais, notes impayées).

D	PERTES ET PROFITS A.
	par *Exploitation*.

Le compte de Pertes et Profits est *débité* des pertes et *crédité* des profits. Son solde donne, à l'inventaire, le résultat qui augmente ou diminue le chiffre du capital.

Ses subdivisions sont : *Levées ou dépenses personnelles, Intérêts et agios, Escomptes et rabais*, etc... *débités* de ce qui constitue une perte, *crédités* de ce qui constitue un bénéfice. Ces comptes se soldent par Pertes et Profits au moment de l'inventaire.

37. II. Comptes représentant les tiers.

Ces comptes peuvent être des comptes personnels, ouverts à un *fournisseur*, à un *client*, à un *banquier*, soit des comptes collectifs représentant plusieurs clients, fournisseurs ou banquiers.

A l'hôtel, il est ouvert un compte collectif « Voyageurs » ; il représente l'ensemble des voyageurs ou clients ayant consommé.

Tous ces comptes des tiers sont *débités* des valeurs reçues par les titulaires des comptes, *crédités* des valeurs fournies par eux.

MOUVEMENT DES ESPÈCES

CAISSE-HOTEL

D.	Caisse-Hotel	A.
à *Voyageurs.*	par *Caisse Gén^{le}.* →	

CAISSE GÉNÉRALE

D.	Caisse Générale	A.
à *Capital.*		par *Frais 1e étab^{t}.*
à *Caisse-hôtel.*		par *Mobilier.*
à *Banquiers.*		par *Frais Gén^{aux}.*
		par *Cuisine.*
		par *Cave.*
		etc...

QUESTIONNAIRE

35. En combien de groupes peut-on classer les comptes ? Enumérez-les. — **36.** Quels sont les comptes représentant le Chef de maison ? Comment classe-t-on les comptes de valeurs ? Quels sont ceux qui ont une grande importance à l'hôtel ? Que représente le compte de Frais généraux ?

Est-il important dans un hôtel ? Comment fonctionne-t-il ? Comment fonctionnent les comptes de « Cuisine » et de « Cave » ? Qu'entend-on par Comptes de résultats ? Citez les principaux. De quelles sommes crédite-t-on le compte Exploitation (à l'hôtel) ? De quelles sommes le débite-t-on ? Que représente le solde du compte Exploitation ? Quelles sont les subdivisions du compte « Pertes et Profits » ? — **37.** Qu'est-ce qu'un Compte collectif ? Que représente le Compte collectif *Voyageurs* ?

EXERCICE

Le *1er avril*, solde en caisse . . . . 12.000 frs.
Le *3* — vous payez une facture de papeterie . . . 350 frs.
Le *7* — vous payez pour le marché de la semaine une somme de . . . . 2 100 frs.
Le *12 avril*, vous encaissez un chèque à v/O/ de . . . . 1.500 frs.
Le *15* — vous payez à Bernard une somme de . . . 782 frs.
Le *19* — vous reprenez chez v/banquier . . . . . . 330 frs.

Tracer le Compte de caisse et y porter ces diverses opérations. Le fermer à la date du 20 avril et le rouvrir le 21 avril.

CHAPITRE VII

LIVRES DE COMMERCE

SOMMAIRE : Livres légaux. — Journal. — Copie de lettres. — Livre des inventaires. — Livres auxiliaires. — Brouillard. — Grand Livre. — Rapport du Journal et du Grand Livre. — Divisions du Grand Livre. — Balance.

Les livres de commerce se divisent en deux catégories :

Livres légaux ou obligatoires ;
Livres auxiliaires ou facultatifs.

38. **Livres légaux.** — Les livres légaux ou obligatoires sont prescrits par les articles 8 et 9 du Code de commerce. Ce sont : *le Journal, le Copie de lettres et le Livre des Inventaires.* Ils doivent être cotés, visés et paraphés par un juge du Tribunal de Commerce ou, à défaut, par le maire ou un adjoint,

une première fois avant l'ouverture des écritures et, par la suite, après chaque inventaire.

39. **Livre Journal.** — Le *Livre Journal* est un registre sur lequel le commerçant inscrit toutes les opérations relatives à son commerce. En principe, les opérations devraient être inscrites au jour le jour sur ce livre ; dans la pratique, elles sont souvent centralisées en fin de mois.

Chaque opération est passée sous forme d'*article*.

On appelle article une formule qui met en présence le compte débiteur et le compte créditeur. L'article est *simple*, s'il y a un seul compte débiteur et un seul compte créditeur ; il est *collectif*, s'il y a plusieurs comptes soit débiteurs, soit créditeurs. En cas d'erreurs, le Journal devant être tenu sans grattage ni rature, on passe un article de « contrepassement » ou de redressement d'erreur.

Passation des articles au Journal. — Des deux parties mises en présence dans toute opération commerciale, l'une qui reçoit une valeur doit en être débitée, l'autre qui fournit une valeur doit en être créditée.

Exemple : Acheté à Cassin un mobilier commercial 10.000 francs. Qui reçoit la valeur ? Le compte Mobilier.

Qui fournit la valeur ? Le correspondant Cassin.

En conséquence, l'article se passe ainsi :

1er juin		
Mobilier	10.000	
à Cassin.		10.000
M/ a/ Mobilier commercial		

Pour toutes les opérations de résultats, le raisonnement est le suivant : tout ce qui constitue une perte est inscrit au débit du compte intéressé, tout ce qui constitue un profit est inscrit au crédit.

Exemple : Constaté un déficit de caisse de 100 francs. L'article doit être passé comme suit :

1er juin		
Pertes et Profits	100	
à Caisse		100
Déficit constaté à ce jour.		

40. **Copie de lettres.** — L'article 8 du Code de commerce prescrit au commerçant de conserver pendant dix ans les missives qu'il reçoit et de copier sur un registre coté celles qu'il envoie.

Les lettres reçues sont mises en liasses, par ordre de date, et classées, d'après les noms des correspondants, dans des casiers portant les lettres de l'alphabet. A la fin de chaque année, on fait un ou plusieurs paquets de toute la correspondance avec une étiquette extérieure portant le millésime pour faciliter toutes les recherches.

Le double des lettres envoyées, écrites à l'encre communicative, est décalqué par humectation et pression au verso des feuillets transparents du copie de lettres. Il est visible au recto. Ce moyen pratique économise du travail et assure la sincérité de la copie conservée.

41. **Livre des Inventaires.** — L'art. 9 du Code de commerce prescrit au commerçant de faire, chaque année, l'inventaire détaillé de ses effets mobiliers et immobiliers, de ses dettes actives et passives et de le copier sur un registre spécial. Il doit y joindre le Bilan ou résumé de sa situation par actif et passif, et l'extrait du compte de Pertes et Profits. Il est d'usage, en outre, d'ouvrir le Livre des Inventaires par un Bilan d'entrée ou liste détaillée de l'apport du commerçant.

42. **Livres auxiliaires.** — Ces livres sont employés pour permettre au commerçant de tenir les livres principaux conformément à la loi et pour en compléter la clarté.

43. **Brouillard.** — Le Brouillard est un registre sur lequel sont portées, par ordre de date, sans formule spéciale, toutes les opérations commerciales avec les détails les concernant.

De là, les opérations sont passées au Journal.

Ce Brouillard unique existe seulement dans les petites maisons de commerce. Il est remplacé, dans les comptabilités importantes, par plusieurs *livres auxiliaires* ou *originaires* dans lesquels les opérations sont classées par ordre de date et de nature.

Les principaux d'entre eux sont : le *Livre des Achats*, le *Livre des Ventes*, tenus comme le Brouillard, le *Livre de Caisse*, de *Magasin*, d'*Effets à recevoir*, d'*Effets à payer*, tenus comme les comptes du Grand Livre, par entrées et sorties. Le *Livre d'Annotations diverses*, pour les opérations d'ordre intérieur, les virements d'intérêts, etc..., tenu comme le Journal. Le *Grand Livre*, ou recueil de comptes, peut être qualifié d'*indispensable*. Sur ce registre sont *reportées* toutes les opérations passées soit sur le Journal légal, soit sur les livres auxiliaires originaires. Le tracé du Grand Livre est donc le même que celui des comptes et comprend le Doit et l'Avoir. Tous les comptes débités au Journal sont débités au Grand Livre et inversement.

Après chaque *report*, on pointe, en face de l'article du Journal, le folio du compte du Grand Livre, de même que l'on inscrit au Grand Livre le folio du Journal où l'opération est passée, cela pour éviter les omissions et faciliter les recherches.

44. **Rapport entre le Journal et le Grand Livre.** — Les sommes reportées au Grand Livre étant exactement les mêmes que celles qui sont inscrites au Journal, il s'ensuit que si, pour une même période, on totalise tous les débits et tous les crédits des comptes du Grand Livre, on trouve deux totaux égaux entre eux et égaux à ceux du Journal. C'est sur cette remarque qu'est basé le calcul de la *balance de vérification*.

Divisions du Grand Livre. — Dans les maisons importantes, il arrive fréquemment que le Grand Livre est divisé. Il existe alors :

1° Un Grand Livre pour les comptes représentant le commerçant ;

2° Un ou plusieurs Grands Livres pour les clients, fournisseurs et banquiers.

Répertoire. — A la fin de chaque livre est annexé un répertoire alphabétique où sont portés les noms des comptes ; dans une colonne en regard on inscrit le folio de chacun d'eux.

45. **Balance de vérification.** — La Balance est un tableau présentant la situation des comptes ouverts au Grand Livre.

Elle comprend six colonnes disposées dans l'ordre suivant : folios des comptes (1), noms des comptes (2), totaux du Doit (3), totaux de l'Avoir (4), soldes débiteurs (5), soldes créditeurs (6).

Exactitude de la Balance. — Limite du contrôle. — Il ressort de la remarque faite sur la concordance du Journal et du Grand Livre que les totaux du doit et de l'avoir du Grand Livre (colonnes 3 et 4) doivent être égaux entre eux et égaux à ceux du Journal. De même, les totaux des soldes débiteurs et créditeurs (colonnes 5 et 6) doivent être égaux, puisqu'ils proviennent des colonnes 3 et 4 d'où l'on a supprimé des débits et des crédits équivalents. Toutefois, l'exactitude de la balance ne prouve pas d'une manière absolue la justesse des écritures ; elle prouve qu'aucune omission n'a été faite dans les reports au Grand Livre ; mais il peut se faire qu'un compte soit débité ou crédité à la place d'un autre. Dans ce cas, si c'est dans un compte de personne que l'erreur s'est produite, elle sera signalée par la réclamation de l'intéressé ; si c'est dans un compte de valeur, on le verra par la comparaison avec le solde réel.

Calcul de la Balance de vérification. — Recherche des erreurs. — 1° On fait les totaux du Doit et de l'Avoir de chacun des comptes du Grand Livre, pour la période déterminée et on les porte au crayon dans la deuxième colonne.

2° On porte également ces totaux dans les colonnes 3 et 4, on fait le solde pour chaque compte et on les porte dans les colonnes 5 ou 6 suivant le cas.

3° On fait les totaux des colonnes de totaux et de soldes qui doivent être égaux deux à deux. S'ils le sont, on inscrit ces totaux partiels à l'encre sur le Grand Livre, dans une colonne spéciale, soit au Doit, soit à l'Avoir des comptes intéressés.

Dans le cas où la Balance est fausse :

1° On refait les totaux de la Balance et du Grand Livre.

2° Si les additions sont justes, on en fait la différence avec les totaux du Journal, on a chance ainsi de trouver un report omis.

3° Si on n'a pu découvrir l'erreur, on pointe les reports du Journal au Grand Livre un à un, de cette manière on trouve inévitablement l'erreur.

Balance générale. — La balance générale est un tableau réunissant les douze balances de l'année et qui sert de base aux écritures d'inventaire.

Chiffrier-balance. — C'est un registre dont chaque page comprend seulement deux colonnes :

1° Sommes débitrices.

2° Sommes créditrices.

Dès qu'un report est fait au Grand Livre, on inscrit la somme au chiffrier-balance. A la fin de chaque période, les totaux du Journal et du chiffrier-balance doivent être égaux.

QUESTIONNAIRE

38. Qu'est-ce qu'un livre de commerce ? Indiquez les noms des livres légaux ? — **39.** Qu'est-ce que le livre Journal ? Qu'est-ce qu'un article au Journal ? Combien y a-t-il de *sortes* d'articles au Journal ? Quelles questions pose-t-on pour passer un article au Journal ? Donnez un exemple. Quelle question pose-t-on pour passer un article de résultat ? Où inscrit-on les pertes ? Où inscrit-on les bénéfices ? — **40.** Qu'est-ce que le copie de lettres ?

— **41.** Qu'est-ce que le Livre des Inventaires ? — **42.** Qu'entend-on par « Livres auxiliaires » ? — **43.** Quels sont les principaux ? Quels sont les livres auxiliaires les plus employés à l'hôtel ? Qu'est-ce que le Grand Livre ? Comment reporte-t-on un article du Journal au Grand Livre ? — **44.** Quel rapport existe-t-il entre le Journal et le Grand Livre ? — Comment divise-t-on parfois le Grand Livre ? — **45.** Qu'est-ce que la balance de vérification ? Comment la vérification des écritures est-elle possible ? Jusqu'à quel point ? Comment calcule-t-on une balance de vérification ? Comment recherche-t-on les erreurs s'il y a lieu ? — Qu'est-ce que la balance générale ? Qu'est-ce que le chiffrier-balance ?

EXERCICES
sur les articles à passer au Journal

a) Passer au Brouillard, puis au Journal, sous forme d'articles, les opérations suivantes :

1° Versé dans ma caisse comme apport commercial	60.000 frs.
2° Acheté et payé comptant mobilier commercial	3.000
3° — — — registres de comptabilité. . . .	120
4° — — — fournitures d'épicerie.	542
5° — — — une barrique de vin Bellet . . .	165
6° Payé au menuisier p/ installation du bureau.	450
7° — à l'imprimeur p/ affiches et prospectus	800
8° — au notaire p/ frais bail et enregistrement.	82
9° — facture charbon Vivian	532
10° Acheté à terme à Félix Potin divers produits alimentaires pour mon hôtel.	769
11° Félix Potin m'accorde 2 % rabais sur facture précédente.	
12° Acheté à terme aux Galeries Lafayette diverses fournitures lingerie p/ installation de m/ hôtel	4.800
13° Acheté à terme à Christofle orfèvrerie et argenterie . . .	6.300
14° Payé à la réception des march. camionnage.	36
15° — pour insertion d'une annonce dans la France hôtelière .	32
16° — pour achat de timbres.	60
17° Réglé Félix Potin au moyen d'un chèque sur la Société commerciale mon banquier (voir nos 10 et 11).	
18° Réglé les Galeries Lafayette en acceptant leur traite au 30 avril	4.800
19° Réglé la maison Christofle comme suit :	
a) Accepté sa traite sur moi à 30 jours	2.000
b) Remis mon chèque à son ordre sur la Société Générale.	2.000
c) Rabais obtenu 5 % sur le solde.	
d) Le solde en espèces.	

NOTA : Passer un article collectif pour cette dernière opération.

20° Payé un semestre loyer échu 6.000
21° Acheté par le Crédit Commercial 3 obligations du Crédit Foncier à 497 frs l'une.
22° Versé en dépôt au Crédit Commercial 10 000
23° Prélevé dans ma caisse pour mes dépenses. 500
24° Recettes journalières pour mon hôtel, versées dans ma caisse. 10.800
25° Constaté un déficit de caisse de 2,50
26° Payé pour éclairage du mois 85
27° — appointements des employés. 890
28° Versé cautionnement à la Cie d'électricité. 62,50
29° Constaté excédent de caisse 1,75
30° Reçu en espèces pour intérêt d'une somme prêtée. . . . 30

b) Reportez les articles du Journal au Grand Livre.

c) Etablissez la balance de vérification.

CHAPITRE VIII

Sommaire : Systèmes de Tenue des Livres. — Système synthétique. — Système centralisateur.

Il existe deux systèmes de Tenue des Livres : le système synthétique et le système centralisateur.

46. **Système synthétique.** — Toutes les opérations sont inscrites, par ordre de date, sur un brouillard unique. De là, elles sont passées au Journal et reportées au Grand Livre. A la fin de chaque mois, on dresse une balance de vérification des comptes (*Voir chapitre précédent*).

La balance générale résumant les opérations de l'année est dressée avant l'inventaire et sert de base aux écritures de résultats.

47. **Système centralisateur.** — Les opérations sont inscrites, par ordre de date, sur les différents journaux originaires : *Caisse*, *Achats*, *Ventes*, *Magasin*, *Effets à recevoir*. *Effets à payer*, *Annotations diverses*.

Chacun de ces livres est tenu en double exemplaire (pair et impair), pour faciliter la centralisation des écritures. De ces livres originaires sont transcrits, au jour le jour, les reports intéressant les comptes des correspondants sur le Grand Livre spécial. Chaque semaine, chaque quinzaine ou chaque mois, un article collectif centralise toutes les opérations de même nature au Journal.

Dans ces articles, les correspondants sont représentés par des comptes collectifs de : Clients, Fournisseurs, Banquiers.

On a ainsi pour Achats : *Marchandises à Fournisseurs*
total du Livre d'Achats ;
pour Ventes : *Clients à Marchandises*
total du Livre de Ventes.

Du Journal, les opérations sont portées au Grand Livre des comptes généraux et collectifs. Le total des comptes collectifs de la balance dressée d'après ce Grand Livre doit égaler le total de la balance détaillée des correspondants.

Le système centralisateur est employé dans les maisons de commerce importantes et notamment dans la comptabilité hôtelière. Il est très précis, très clair, il facilite la division du travail et l'établissement des statistiques périodiques.

QUESTIONNAIRE

46. Qu'est-ce que le système synthétique ? Combien de livres nécessite-t-il ? — **47.** Qu'est-ce que le système centralisateur ? Qu'est-ce qu'un journal auxiliaire ou originaire ? Quels sont les livres originaires les plus employés dans la comptabilité d'un hôtel ? Par quelles *sortes* d'articles centralise-t-on les opérations au Journal ? Qu'est-ce qu'un *compte collectif ?* Quels sont les avantages du système centralisateur ?

EXERCICES

I. — Emploi des livres originaires

Passer sur les livres originaires les opérations ci-après :

1er juin.	— Versé dans ma caisse, apport commercial espèces	50.000 frs.
3 juin.	— Versé cautionnement à la Cie du Gaz. . . .	35
	Payé pour police et plombage du compteur. .	4,70
4 juin.	— Versé en dépôt au Crédit Lyonnais, espèces .	30.000

Schéma représentant la Tenue des livres par le Système Centralisateur appliqué à l'Hôtel

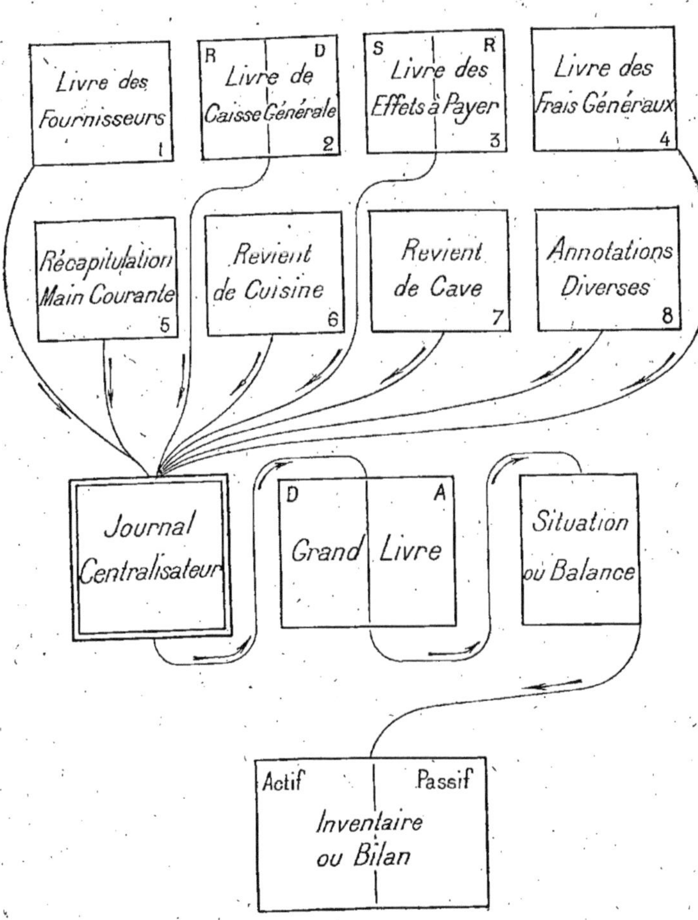

FORMULES des articles centralisant les livres auxiliaires au Journal.

1 Livres des 1 Fournisseurs	1	*Divers* à *Fournisseurs*		»
		m/ achats du mois.		
		Cuisine	»	
		Cave	»	
		Frais généraux	»	
	2			
Livre 2 de Caisse générale		*Caisse générale* à *divers*	»	
		m/ encaissements.		
		à *Capital*		»
		à *Caisse-hôtel*		»
		à *Banque*		»
	2			
		Divers à *Caisse générale*		»
		Cuisine	»	
		Cave	»	
		Frais généraux	»	
		m/ paiements.		
	3			
Livre 3 des Effets à payer		*Fournisseurs*	»	
		à *Effets à payer*		»
		mes acceptations.		
	4			
Livre 4 de Frais généraux		*Frais généraux* à *divers*	»	
		frais divers d'exploitation		
		à *Fournisseurs*		»
		à *Frais à payer*		»
	5			
		Exploitation	»	
		à *Frais généraux*		»
		virement des frais mensuels.		

Livres	N°	Articles		
Livre de 5 Récapit. de Main C/	5	*Voyageurs*	»	
		à *Exploitation*		»
		mont/ de l/ consommation mensuelle.		
	5	*Caisse-hôtel*	»	
		à *Voyageurs*		»
		leurs paiements.		
	5	*Exploitation*	»	
		à *Voyageurs*		»
		ristournes et notes impayées.		
Livres de 6 Revient Cuisine 7 Revient Cave	6-7	*Exploitation* à *divers*	»	
		coût de l'exploitation pour le mois.		
		à *Cuisine*		»
		à *Cave*		»
Livre des 8 Annotations diverses	8	*Fournisseurs* à *divers*	»	
		centon du livre d'Annotns.		
		à *Escomptes et Rabais* .		»
		à *Cave*		»

6 juin. — Divers fournisseurs m'envoient les marchandises que je leur ai achetées :

Raynaut, mobilier s'élevant à.	8.200
Lefèvre, fournitures de papeterie	265,30
Fournier, marchandises diverses. . . .	12.300
8 juin. — Acheté et payé comptant diverses marchandises	682,30
9 juin. — Vendu au comptant marchandises.	398
10 juin. — Vendu à terme à Jullien marchandises . . .	1.430
Réglé Lefèvre au moyen d'un chèque sur le Crédit Commercial	260
Il m'accorde un rabais de 2 %	5,30
11 juin. — Réglé Raynaut au moyen d'un billet que je souscris à s/ o/ au 30 septembre	8.200
15 juin. — Fournier tire sur moi une traite au 31 juillet que j'accepte	5.000

II. — Centralisation de fin de mois

A la fin du mois de Janvier, les livres originaires de l'hôtel Royal se présentent ainsi :

1° Livre des Fournisseurs (achats) :

Achat à Bernard d'un mobilier restaurant	40.000 frs.
— Giraud, installation électrique	3.500
— Ramoin, vins et liqueurs	2.850
— Roux, légumes secs	168

2° Livre d'Effets a payer (sorties) :

N° 203 Traite Bernard fin Juillet.	20.200
N° 204 Billet o/ Ramoin fin Juillet	2.000
N° 205 Tr/ Giraud fin Septembre	3.500
N° 206 Tr/ Roux fin Mai	168

3° Livre de Caisse Générale :

Recettes :	Encaissements Caisse-Hôtel	65.320
	Dont il a été versé en Caisse générale .	64.000
Dépenses :	Payé facture charbon	1.300
	Payé timbres-poste	150
	Payé pour marchés du mois.	20.690
	Dépenses de cave du mois	15.200
	Payé jardinier	120
	Payé licence	125
	Payé employés.	3.630
	Prélevé pour dépenses personnelles . .	1.000

4° LIVRE DES ANNOTATIONS DIVERSES :

Rabais obtenus sur le montant des factures de nos fournisseurs 312

DEVOIRS A FAIRE :

1° Passer au Brouillard, au Journal et au Grand Livre d'après le système *synthétique*, chacune des opérations précédentes, puis faire la balance de vérification de fin du mois.

2° D'après le système *centralisateur*, passer au Journal les articles *collectifs* centralisant les divers livres originaires indiqués ; (employer les comptes collectifs : Voyageurs, Fournisseurs, ainsi que le compte Exploitation).

Reports au Grand Livre des comptes généraux et balance de vérification.

CHAPITRE IX

DE L'INVENTAIRE

SOMMAIRE : Inventaire extra-comptable et inventaire intra-comptable. — 1re phase de l'inventaire : *a*) Régularisation des comptes. — *b*) Amortissements. — *c*) Solde des comptes productifs de pertes ou de bénéfices. — *d*) Détermination des résultats. — 2e phase : Balance d'inventaire. — 3e phase : Fermeture des comptes.

48. **Inventaire.** — L'*inventaire* est l'état détaillé de tout ce que le commerçant possède, c'est-à-dire de son *Actif*, et de tout ce qu'il doit, c'est-à-dire de son *Passif*. L'article 9 du Code de commerce prescrit, en effet, au commerçant de dresser, chaque année, sous seing-privé, l'inventaire détaillé de ses effets mobiliers et immobiliers et de ses dettes actives ou passives et de le transcrire sur un registre spécial.

L'inventaire extra-comptable est le récolement des existants réels aux prix de revient ou au prix du jour.

L'inventaire intra-comptable est la vérification qui résulte des écritures. Les deux se contrôlent et doivent concorder.

On entend par *exercice* l'intervalle entre deux inventaires.

49. Première phase de l'inventaire. — La balance générale étant dressée et vérification faite des existants réels, il y a lieu de passer les écritures d'inventaire. L'examen des soldes de la balance générale permet de constater que :

1°) *Certains comptes doivent être régularisés* pour déterminer la valeur réelle du solde : Marchandises, Exploitation, Effets à recevoir, Effets à payer.

2°) *Certains comptes doivent figurer à l'inventaire tels qu'ils sont :* Caisse, Comptes des tiers.

3°) *Certains comptes* ayant subi une diminution de valeur *doivent être amortis* : Mobilier, Matériel, Outillage.

4°) Enfin les comptes représentant des profits ou des pertes, tels que Frais généraux et les subdivisions de pertes et profits, doivent être *virés* dans ce dernier compte, de manière à en déterminer le résultat net ou résultat de l'exercice.

a) ***Régularisation des comptes.*** — *Marchandises.* — Ce compte est à la fois un compte de valeurs et un compte de résultats. Au Doit, sont inscrits les achats au prix de revient ; à l'Avoir, les ventes au prix de vente ; le solde ne donne rien de précis.

Pour obtenir le résultat des opérations, on ajoute au chiffre des ventes le montant du stock réel au prix de revient. Si ce total est supérieur au total des achats, on en retranche celui-ci et on obtient le bénéfice dont on passe article :

Marchandises
à Pertes et Profits
Bénéfice brut.

Dans le cas contraire c'est une perte et on passe l'article inverse.

Exploitation (a l'hôtel). — Ce compte a été crédité des recettes par période déterminée. A l'inventaire, on le débite du montant des débits de *Frais généraux*, *Cuisine*, *Cave*, ainsi que du solde du compte *Voyageurs* représentant les notes impayées. Le solde de ce compte, après cette écriture, donne le bénéfice ou la perte dont on passe article :

Exploitation

à Pertes et Profits

Bénéfice brut.

ou inversement en cas de perte.

Effets a recevoir. — Le solde de ce compte représente la valeur nominale des effets en portefeuille, qui ne devraient figurer à l'inventaire que pour leur valeur réelle.

On laisse figurer ce compte tel qu'il est, mais on le compense en créant le compte « Réescompte du Portefeuille » qui figure au passif pour la différence entre la valeur nominale et la valeur réelle des effets ; d'où l'écriture :

Pertes et Profits

à Réescompte du portefeuille

Régularisation du compte Effets à recevoir.

Effets a payer. — Il en est de même pour les effets en circulation dont la valeur réelle seulement devrait figurer au passif. On le compense en créant le compte d'ordre « Intérêts à courir » qui figure à l'actif ; d'où l'écriture :

Intérêts à courir

à Pertes et Profits

Régularisation du compte Effets à payer.

b) ***Ecritures d'amortissement.*** — Les valeurs immobilisées subissent chaque année, par l'usage, une déperdition de valeur estimée en général de 1/5 à 1/10 pour le matériel et l'outillage et de 1/10 à 1/20 pour le mobilier. Au lieu de créditer chaque année les comptes intéressés de ce tant pour cent, ce qui les ferait disparaître après cinq, dix, vingt ans, on crée, pour chacun d'eux, un compte *Amortissement* qui figure au passif et contre-balance ainsi la diminution de valeur ; d'où l'article :

Pertes et Profits
à divers
à Amortissement Mobilier
1/20 de sa valeur ;
à Amortissement Matériel
1/10 de sa valeur.

Nota. — Toutefois, à l'hôtel, on ne procède pas par amortissement en ce qui concerne les valeurs immobilières qui représentent la valeur principale de l'exploitation commerciale.

On consacre la somme qui serait mise de côté pour l'amortissement à l'entretien du mobilier, matériel, outillage, de manière à en maintenir la valeur.

Les dépenses ainsi faites pour l'entretien sont portées au compte « Frais généraux ».

c) ***Solde des Comptes Frais généraux, Levées, Intérêts et agios, Escomptes et rabais, etc...*** — Ces comptes sont virés dans le compte « Pertes et Profits » par deux écritures :

Pertes et Profits
à divers
Soldes débiteurs représentant des pertes
à Frais généraux
à Levées
etc...

Divers
à Pertes et Profits
Soldes créditeurs représentant des bénéfices.

---

d) ***Détermination des résultats.*** — Il ne reste plus qu'à calculer le solde de Pertes et Profits. Si ce solde est débiteur, il constitue une perte, s'il est créditeur, il constitue un bénéfice. Par suite, dans une entreprise appartenant à un particulier, ce solde diminue ou augmente le compte de Capital dans lequel il est porté par un article de virement :

Capital
à Pertes et Profits
Perte nette de l'exercice.

---

ou inversement :

Pertes et Profits
à Capital
Bénéfice net de l'exercice.

---

50. **Deuxième phase de l'inventaire.** — Toutes les écritures précédentes, dites d'inventaire, étant reportées au Grand Livre, on dresse une deuxième balance, ou balance d'inventaire, dans laquelle tous les comptes sont régularisés et donnent des soldes précis. Les soldes débiteurs constituent l'actif, les soldes créditeurs constituent le passif ; les deux composent le *bilan* qui doit être recopié sur le livre d'inventaire, à la suite de l'inventaire détaillé, et certifié sincère et conforme aux écritures.

51. **Troisième phase de l'inventaire.** — Fermeture et réouverture des livres.

Le bilan étant dressé, seules sont intéressantes les sommes constituant l'actif et le passif ; il y a donc lieu de fermer et de rouvrir les comptes de manière à éliminer tous les totaux compensés.

Fermeture des comptes. — Aucune écriture ne doit figurer au Grand Livre sans avoir été préalablement passée au Journal. En conséquence, il est nécessaire d'ouvrir un compte qui peut être appelé *Inventaire* ou *Balance de sortie* et qui permet *d'arrêter tous les comptes* par les deux articles suivants :

Balance de Sortie
à divers
Fermeture des comptes représentant l'actif, ou soldes débiteurs.

Divers
à Balance de Sortie
Fermeture des comptes représentant le passif, ou soldes créditeurs.

Ce compte *Inventaire* ou *Balance de Sortie* étant soldé aussitôt qu'il est ouvert, on peut se dispenser de le créer. Dans ce cas, on arrête les comptes par l'article :

Divers comptes créditeurs
à divers comptes débiteurs
Fermeture des comptes.

Réouverture des comptes. — Des écritures inverses doivent être passées pour rouvrir les comptes, car ceux-ci ne représentent plus que le solde réel ; d'où les articles :

Divers
à Balance de Sortie
Réouverture des comptes représentant l'actif, ou soldes débiteurs.

Balance de Sortie
à divers
Réouverture des comptes représentant le passif, ou soldes créditeurs.

Comme précédemment, le compte « Balance de Sortie » débité et crédité au même moment de la même valeur peut être supprimé ; on passe alors l'article :

Divers comptes débiteurs
à divers comptes créditeurs
Réouverture des comptes.

QUESTIONNAIRE

48. Qu'est-ce que l'Inventaire ? L'actif ? Le passif ? Combien y a-t-il de sortes d'inventaires ? Définition de chacun d'eux ? Qu'entend-on par exercice » ? — **49.** Quelle est la première phase de l'inventaire intra-comptable ? Que remarque-t-on en examinant les soldes de la Balance générale ?

a/ Comment obtient-on le bénéfice brut d'un exercice avec le compte Marchandises ? A quel compte doit-on virer le bénéfice (s'il existe) ? Par quel article ? Comment obtient on le bénéfice brut à l'hôtel avec le compte Exploitation ? Est-il indispensable de régulariser les comptes « Effets à recevoir » et « Effets à payer » au moment de l'inventaire ?

b/ Qu'est-ce que l'amortissement ? Doit-on porter la déperdition de valeur au compte même de la valeur amortie ou crée-t-on un compte nouveau ? Quel est l'article d'amortissement ? Que fait un bon hôtelier avec la somme ainsi mise de côté pour les amortissements ?

c/ Qu'est-ce que « solder un compte » ? Quels comptes doit-on solder par Pertes et Profits au moment de l'inventaire ? Par quels articles ?

d/ Quel est le compte qui permettra d'obtenir, par son solde, le bénéfice net ? Que fait-on du bénéfice net ?

50. Quelle est la deuxième phase de l'inventaire ? D'après quel livre dresse-t-on la Balance d'inventaire ? Qu'est-ce que le « bilan » ? Sur quel livre recopie-t-on l'inventaire ? — **51.** Troisième phase : Pourquoi est-il nécessaire de fermer les livres avant de commencer un nouvel exercice ? Quel est l'article de fermeture des C/ ? Quel est l'article de réouverture des C/ ?

EXERCICES

1. — Calcul du bénéfice brut : Calculer le bénéfice brut de l'hôtel « Côte d'Azur » pendant les six mois de la saison d'hiver sachant que :

les encaissements des notes des voyageurs s'élèvent à . .	240.000 frs.
les ristournes accordées à	1.090
les dépenses de cuisine à	57.100
les dépenses de cave à	42.400
les dépenses de frais généraux à	50.500

1° Tracé du compte « Exploitation ».

2° Articles au Journal pour inscrire ces sommes au débit ou au crédit d'Exploitation.

3° Article pour virer le bénéfice brut dans le compte de « Pertes et Profits ».

2. — Au moment de votre inventaire, vous décidez d'amortir votre mobilier du 1/10 de sa valeur, laquelle est de 28.600 frs, et votre agencement

du 1/5 de sa valeur, laquelle est de 16.000 frs. D'autre part, la balance que vous venez de faire indique que le compte « Escomptes et Rabais » a un solde créditeur de 1912 frs, le compte « Intérêts et Agios » un solde débiteur de 228 frs, le compte « Pertes et Profits » un solde débiteur de 1320 frs, et « Frais généraux » un solde débiteur de 2200 frs. Sachant que le bénéfice brut de l'exploitation est de 10.240 frs, passer les écritures d'inventaire correspondant à ces divers renseignements et porter le bénéfice net au compte « Capital ».

3. — Etant donnés les comptes suivants, on vous demande de passer les écritures d'inventaire au Journal, de dresser la balance d'inventaire et le bilan qui en résulte *(Voir la balance ci dessous).*

Renseignements : Amortir le mobilier de 1/10 de sa valeur.
le matériel de 1/5 de sa valeur.
l'agencement de 1/5 de sa valeur.
Virer le bénéfice net au compte « Capital ».

BALANCE

	Débit	Crédit
Capital		100.000
Mobilier	19.200	
Matériel	12.350	
Agencement	8.210	
Caisse	40.240	29.500
Exploitation	629	81.000
Effets à payer	8.000	29.700
Fournisseurs	50 500	60.540
Cuisine	30.000	
Cave	10.200	
Frais généraux	20.340	
Prélèvements	1.200	
Pertes et Profits		500
Voyageurs	81.000	80.629
Banquier	100.000	
	381.869	381.869

Nota : Toutes les marchandises entrées aux comptes de Cuisine et de Cave ont été consommées.

4. — A l'aide des *soldes* de la balance suivante et des renseignements qui y sont joints, on demande :

a) de passer les écritures d'inventaire (Journal, Grand Livre, Balance) ;
b) d'établir le bilan qui en résultera ;
c) de fermer et de rouvrir les comptes par eux-mêmes (2e procédé).

Renseignements : Amortissement du mobilier de 1/10 :

Dépenses de cave. . . . . 6.200 frs.
Dépenses de cuisine 17.600

BALANCE

	S. Débit	S. Crédit
Capital		80.000
Matériel	58.800	
Caisse	22.400	
Banquier	18.960	
Effets à payer.		4.500
Frais généraux	2.400	
Escomptes et Rabais		300
Pertes et Profits		720
Fournisseurs		8.540
Voyageurs	1.500	
Exploitation		35.000
Cuisine.	18.000	
Cave.	7.000	
	129.060	129.060

5. Vous disposez d'une somme de 90.000 frs., en espèces, avec laquelle vous payez en partie l'Hôtel de Martin, comprenant :

Une clientèle estimée . . . . 14.000 frs.
Un matériel 18.400
Un mobilier 40.000
Des notes à encaisser pour. 825

Vous versez à Martin un acompte de 40.000 francs, vous déposez 30.000 francs à la Banque de France et vous gardez le reste en Caisse.

Passez écritures à votre Journal et dressez votre bilan d'entrée.

CHAPITRE X

DES SOCIÉTÉS COMMERCIALES

SOMMAIRE : Sociétés en nom collectif. — Comptabilité des Sociétés en nom collectif. — Sociétés en commandite simple. — Sociétés anonymes et en commandite par actions.

Les Sociétés commerciales sont des associations de deux ou plusieurs personnes mettant en commun leurs apports dans le but d'exercer le commerce, de réaliser des bénéfices et de se les partager.

52. **Sociétés en nom collectif.** — Les Sociétés en nom collectif sont des sociétés qui ont pour but de faire le commerce en se manifestant au public sous une raison sociale ; les associés sont tenus solidairement et indéfiniment des dettes sociales.

Raison sociale. — Les noms des associés peuvent seuls faire partie de la raison sociale. Celle-ci peut se composer du nom d'un ou de plusieurs associés suivi des mots : & Cie.

53. **Comptabilité des Sociétés en nom collectif.** — La comptabilité de ces sociétés ne diffère pas, dans la marche des affaires, de celle des maisons n'ayant qu'un seul patron ; mais, à l'ouverture des livres, il est ouvert à chacun des associés trois comptes spéciaux :

a) *Un compte d'apport*, débité de la promesse d'apport, crédité des apports effectués ;

b) *Un compte de levées*, débité mensuellement des levées, crédité en fin d'exercice par Pertes et Profits ;

c) *Un compte courant*, crédité des dépôts de l'associé et de sa part des bénéfices annuels, débité de ses retraits.

EXEMPLE : Suivant acte de société en date du 1er novembre 19.., une Société en nom collectif est créée sous la raison sociale :

THIERRY & LEROY

THIERRY apporte :	
Espèces	30.000
Une créance sur la Société Générale	20.000
LEROY apporte :	
Espèces	50.000
Versées comme suit :	
Au 1er novembre	30.000
Au 1er janvier	20.000

Les statuts de la société fixent à 300 fr. par mois leurs levées mensuelles.

Les bénéfices sont laissés à la disposition des associés.

ECRITURE D'OUVERTURE

1°) *Compte d'apport :*

Novembre 1er		
Les suivants		
à CAPITAL SOCIAL		100.000
Apport des associés suivant acte de société.		
N/ s/ THIERRY son compte d'apport	50.000	
N/ s/ LEROY s/ c/ d'apport	50.000	
Leurs mises à effectuer		
Novembre 1er		
Les suivants		
à N/ s/ THIERRY s/ c/ d'ap/ (1)		50.000
Caisse	30.000	
Son versement espèces		
Société Générale	20.000	
Une créance sur cette banque		
Novembre 1er		
Caisse	30.000	
à N/ s/ LEROY s/ c/ d'ap/		30.000
Versement de la 1re partie de sa mise		

(1) N/ s/ THIERRY s/ c/ d'ap/ : Notre sieur THIERRY son compte d'apport.

La même écriture sera passée au 1er janvier quand M. Leroy versera 20.000 fr. complétant sa mise. A ce moment là, les comptes d'apport des deux associés seront balancés, leurs mises étant complètement effectuées.

II°) *Compte de levées ; Compte courant.* — Chaque mois il sera passé article des prélèvements des associés comme suit :

Les suivants

à *Caisse* 600

N/ s/ Thierry s/ c/ de levées 300

N/ s/ Leroy s/ c/ de levées 300

Le solde du compte de levées, au moment de l'inventaire, doit être égal au chiffre statutaire des levées.

1° L'associé n'a pas touché toutes les levées, on aura l'article :

N/ s/ X, s/ c/ de levées

à N/ s/ X, s/ compte-courant

Solde des levées statutaires

2° L'associé a dépassé le chiffre statutaire, on aura l'article pour l'excédent :

N/ s/ X, s/ compte-courant

à N/ s/ X, s/ c/ de levées

Pour régularisation de l'excédent des prélèvements

Pour tous les dépôts faits par les associés dans la maison, on passera l'article :

Caisse

à N/ s/ X, s/ compte courant

Son dépôt en compte

Inversement pour les retraits :

N/ s/ X, s/ compte courant
à Caisse
Son retrait

Enfin, au moment de la clôture de l'inventaire, les intérêts des apports des associés et leurs parts de bénéfices seront également portés au crédit de leur C/ C/ par l'article :

Pertes et Profits
à N/ s/ X, s/ C/ C/
Intérêts de sa mise ou sa part des bénéfices

54. **Sociétés en commandite simple.** — Ces sociétés comprennent deux catégories d'associés : les *commandités* ou associés en nom collectif et les *commanditaires* ou bailleurs de fonds. Les écritures ne diffèrent pas de celles d'une Société en nom collectif, mais les commanditaires n'ont pas de comptes de levées ; ils ont uniquement leur compte d'apport appelé compte de commandite et leur compte courant.

55. **Sociétés anonymes et en commandite par actions.** Les Sociétés anonymes sont dépourvues de raison sociale et désignées au public par le but de l'exploitation ; leur capital est divisé en parts égales appelées *actions* et les associés ou *actionnaires* ne sont tenus des dettes que jusqu'à concurrence de leur mise.

Les Sociétés en commandite par actions sont constituées comme les Sociétés anonymes, mais se manifestent sous une raison sociale.

Ecriture d'ouverture. — Pour ouvrir les livres d'une Société par actions, il faut considérer trois époques :

1° *Emission* des titres ou actions ;
2° *Souscription* des actions ;
3° *Libération* des actions.

La constatation de ces faits nécessite la création de comptes spéciaux.

EMISSION :

Actions
à *Capital social*
Emission des actions.

SOUSCRIPTION :

Actionnaires
à *Actions*
Souscription des actions.

LIBÉRATION :

Caisse
à *Actionnaires*
Libération des actions de capital.

On a un ou plusieurs articles semblables suivant que la libération est faite en un ou plusieurs versements.

Pour les actions d'apport, on passe l'article :

Les suivants
à *Actionnaires*
Machines
Immeubles etc.

Quand les comptes Actions et Actionnaires sont balancés, toutes les actions émises ont été souscrites et libérées.

Ecritures d'inventaire. — Les écritures d'inventaire ne diffèrent pas, dans les Sociétés anonymes, de celles du commerçant chef de maison ; seule, la répartition des bénéfices nets, clôturant le compte de Pertes et Profits, entraîne un article spécial établi d'après les statuts de la société.

Avant tout paiement d'intérêt ou de dividende aux actionnaires, un tant pour cent (5 °/₀ au minimum) doit être versé dans un compte « Réserve légale », destiné à constituer une provision en vue de pertes éventuelles.

Une seconde réserve statutaire est généralement constituée dans le même but, étant stipulé, toutefois, que le Conseil d'administration peut en disposer à son gré.

Ensuite sont prélevés les intérêts dus aux actionnaires. Ce qui reste du bénéfice est réparti, à titre de *dividende*, entre les actionnaires et les porteurs de parts de fondateurs.

Exemple : *Soit un bénéfice de 226.100 fr. à répartir d'après les données suivantes :*

5 °/o Réserve légale ;
5 °/o Réserve statutaire ;
3 °/o Intérêt aux actionnaires (2000 actions de 1000 fr.) ;
Solde réparti à titre de dividende entre les 2000 actionnaires et 200 parts de fondateur.

L'article se passe comme suit :

Pertes et Profits		226.100	
	à divers		
	à Réserve légale		11.305
5 °/o des bénéfices			
	à Réserve statutaire		11.305
5 °/o des bénéfices			
	à Intérêts actionnaires		60.000
Int. 3 °/o sur capital actions			
	à Dividendes		143.490
Dividende 65 fr. 22 pour 2.200 titres et par titre.			

QUESTIONNAIRE

52. Qu'est-ce qu'une Société en nom collectif ? Qu'est-ce que la raison sociale ? — **53.** Combien de comptes doit-on ouvrir aux associés ? Nommez-les. Quels articles doit-on passer au moment de la constitution de la Société ? (Exemple). Comment passe-t-on écriture des prélèvements des associés ? Comment fonctionne le *compte courant* de chacun des associés ? Où porte-t-on le bénéfice net, à l'inventaire ? Faites un tableau résumé des trois nouveaux comptes ouverts en indiquant les sommes à inscrire au débit et au crédit de chacun d'eux. — **54.** Qu'est-ce qu'une Société en commandite simple ? Combien y a-t-il de catégories d'associés ? — Citez les nouveaux comptes ouverts : *a*) aux commandités ; *b*) aux commanditaires. — **55.** Qu'est-ce qu'une Société anonyme ou par actions ? Quelle en est la caractéristique ? Comment se décomposent les écritures d'ouverture des livres ! Quel article doit-on passer pour constater l'*émission* ? Quel article doit-on passer pour constater la *souscription* ? Quel article doit-on passer pour constater la *libération ?* Quel article doit-on passer pour constater les apports en nature, s'il y a lieu ? Qu'est-ce que la *réserve légale ?* Qu'est-ce que la *réserve facultative* ou *statutaire* ? Quel est l'article qui constate la répartition des bénéfices nets d'après les statuts ?

EXERCICES

1. — Fondation d'une Société en nom collectif :

Suivant acte en date du 1er mars, Girard et Périer ont fondé une Société en nom collectif pour l'exploitation d'un hôtel. Le capital, fixé à la somme de 200.000 frs, sera fourni : 1/4 par Girard, 3/4 par Périer.

Girard apporte en signant l'acte :

Une somme en espèces de . . . . 50.000 frs.

Périer apporte :

Un immeuble estimé 90.000
Un mobilier et un agencement du fonds. 12.000

Il promet de verser en espèces, dans un mois, le complément de son apport.

Passer au Journal les écritures d'ouverture de la Société.

2. — Une Société en commandite simple est formée entre Jacques, Lebois et Véran, sous la raison sociale : Jacques et Cie.

Jacques, commandité, apporte :

Un fonds de commerce estimé . . . . 40.000 frs.
Un mobilier estimé. 10.000
Un matériel estimé. 15.000
Espèces 10.000

Lebois et Véran, commanditaires, apportent chacun en signant l'acte :

Une somme en espèces de. . . . . 50.000 frs.

D'après les statuts, Jacques a droit à un prélèvement mensuel de 400 frs. Les bénéfices doivent être partagés à raison de 3/5 pour Jacques, 1/5 pour Lebois et 1/5 pour Véran. De plus, la mise des commanditaires produira un intérêt de 4 % l'an.

On demande :

1° de passer au Journal les écritures d'ouverture ;

2° — — le prélèvement de Jacques après un mois d'exercice ;

3° de répartir les bénéfices s'élevant au bout d'un mois à 8.200 frs, entre les associés conformément aux statuts.

3. — Le 5 janvier, il est constitué une Société anonyme au capital de 800.000 frs, partagée en 8.000 actions de 100 frs, dont 4.000 actions de capital entièrement libérées et 4.000 actions d'apport représentant :

1° le mobilier fourni par la maison Cassin	250.000 frs.
2° le matériel fourni par la maison Sulzer	100.000
3° l'argenterie fournie par la maison Racine . . .	50.000
Le 20 janvier, la Société paie les frais d'acte notarié . .	65.000
Commission d'émission et publicité	21.000

Au 31 décembre :

En fin d'exercice et après premier inventaire, répartir les bénéfices nets qui s'élèvent à 98.550 frs, d'après les données suivantes :

Réserve légale	5 % du bénéfice.
Réserve statutaire	5 % —
Intérêts aux actionnaires	4 % du capital.

Le solde réparti, à titre de dividende entre les actionnaires.

Passer au Journal les écritures d'ouverture et de répartition des bénéfices.

COMPTABILITÉ HOTELIÈRE

LIVRES AUXILIAIRES EMPLOYÉS A L'HOTEL

CHAPITRE XI
ARRIVÉE DES VOYAGEURS A L'HOTEL

SOMMAIRE : Livre de police. — Bulletins d'entrée, de mutation, de sortie. — Livre des voyageurs.

56. **Livre de police.** — Le *Livre de police* est un état nominatif des voyageurs descendus à l'hôtel. Dès que le voyageur arrive, il y est inscrit par le concierge. Ce livre porte les questions suivantes auxquelles le chef de réception fournit ultérieurement les réponses :

Dates des entrées, nom, prénoms ;
Age, profession, domicile habituel ;
Lieu de naissance ;
Lieu d'où vient le voyageur, lieu où il va et, dans certains cas, indication du lieu d'émission et de la date du passeport ;
Date de départ.

Ces renseignements sont remis périodiquement à la police locale.

(*Voir modèle 1*).

57. **Bulletin d'arrivée.** — L'arrivée des voyageurs est constatée, en outre, par le bulletin d'arrivée qu'ils sont priés de remplir dès leur entrée à l'hôtel.

Ce bulletin porte, au recto, les mêmes mentions que le livre de police avec, en général, le visa du directeur, du chef de réception, du maître d'hôtel, du concierge, de la gouvernante et du sommelier d'étage.

LIVRE DE POLICE

(Modèle 1)

DATES DES ENTRÉES	NOMS ET PRÉNOMS	AGE	PROFESSION	DOMICILE HABITUEL	LIEU DE NAISSANCE	LIEU D'OÙ ILS VIENNENT	LIEU OÙ ILS VONT	LIEU ET DATE DE LA DÉLIVRANCE DU PASSEPORT(1)	DATE DE LA SORTIE	OBSERVATIONS
15 Fév. 19..	Me Millard	38	Commerçante	Paris	Paris	Liège	Monaco	12 Janvier 19.., Paris	18 Fév.	
15 Fév. 19..	Mlle Duban	40	Rentière	Marseille	Marseille	Toulon	Nice	10 Février 19.., Toulon		
15 Fév. 19..	Mr Galtier	39	Négociant	Paris	Nice	Marseille	Menton	8 Février 19.., Marseille	20 Fév.	
15 Fév. 19..	Mr Carpentier	28	Boxeur	Paris	Paris	Londres	Monte-Carlo	11 Décembre 19.., Londres	16 Fév.	
15 Fév. 19..	Mlle Garnier	19	Dame de Cie	Vichy	Lyon.	Berne	Rome	2 Janvier 19.., Berne	23 Fév.	
15 Fév. 19..	Mr Vinson	34	Rentier	Valence	Genève	Arles	Milan	22 Décembre 19.., Arles	20 Fév.	
15 Fév. 19..	Mme David	62	Rentière	Cette	Avignon	Toulouse	Turin	10 Février 19.., Toulouse	1er Mars	
15 Fév. 19..	Mlle Coste	22	Institutrice	Paris	Paris	Paris	Nice	4 Février 19.., Paris		
15 Fév. 19..	Md Favraut	46	Banquier	Paris	Paris	Clermont-Fd	Nice	20 Janvier 19.., Clermont-Fd		

(1) La formalité du passeport n'était pas exigée avant la guerre. Elle l'a été pendant la guerre et pendant quelques années après. Elle ne l'est plus aujourd'hui.

Au verso du bulletin est inscrit l'arrangement fait avec le voyageur, avec la date d'arrivée. Il est bon que le personnel connaisse les conditions de l'arrangement.

C'est à l'aide des renseignements consignés au bulletin d'arrivée que le chef de réception remplit le livre des voyageurs.

(*Voir modèle* **2**).

58. **Bulletin de mutation.** — S'il arrive que le voyageur demande à changer d'appartement, le bulletin de mutation constate le changement qui, en général, entraîne une modification dans le prix de l'arrangement; le double des indications du bulletin de mutation est conservé sur une feuille (papier carbone).

Il est très important de notifier les mutations au service de la comptabilité, afin d'éviter toute erreur dans les notes des voyageurs qui sont dressées au jour le jour.

(*Voir modèle* **3**).

59. **Bulletin de départ.** — Ce bulletin porte le jour et l'heure du départ des voyageurs, le nombre de personnes d'un même groupe partant ensemble, le nombre de leurs colis.

Les consommations du jour de départ, prises soit dans l'appartement, soit dans la salle, doivent également y être portées. Au bas du bulletin portant ces renseignements, figurent les signatures du sommelier d'étage, du valet, de la femme de chambre, du maître d'hôtel et du directeur. Chacun ayant visé le bulletin de départ, il ne reste plus de raison susceptible d'excuser l'oubli d'un article sur la note du voyageur.

(*Voir modèle* **4**).

60. **Livre des voyageurs.** — Ce registre, tenu par le *chef de réception*, mentionne, sur deux pages, en regard l'une de l'autre, les arrivées et les départs.

GRAND HOTEL GUGLIA (Modèle 2)

BULLETIN D'ARRIVÉE

Ordonnance de Police générale qui enjoint aux Maîtres d'Hôtel d'inscrire dans l'ordre ci-dessous les personnes qui couchent chez eux, même une nuit.

Prière à

Monsieur Millard

de vouloir bien remplir ce Bulletin lisiblement.

Chambre n° *30*

Date d'entrée : *10 Mars 19..*

Nom de famille : *Millard*

Prénoms : *Jean*

Age[1] : *35*

Qualité ou Profession : *Commerçant*

Lieu de naissance : *Paris*

Domicile habituel : »

Nombre de personnes : *1*

Venant de : *Paris*

Signature :

Vu :

Le Directeur

Le Chef de réception

Le Maître d'hôtel

Le Concierge

La Gouvernante

Le Sommelier d'étage

Nice, le *10 Mars* 19...

ARRANGEMENT

pour Monsieur Millard

Arrivé pour le *10 Mars* 19..

Omnibus Places *1* Malles *1* Frs. *3* »

CHAMBRE N° *30*

Nombre		APPARTEMENT		BAIN	CUISINE		TOTAL	
1	Maître	*20*	»	»	*13*	»	*33*	»
»	Enfant	»	»	»	»	»	»	»
»	Domestique . . .	»	»	»	»	»	»	»
		20	»	»	*13*	»		
1	Total des Voyageurs			Total . . .			*33*	»

OBSERVATIONS

Signature :

Nice, le *10/3* *19*...

(Modèle 3)

BULLETIN DE MUTATION

N° 900

Monsieur MILLARD

N° *30* change pour aller au N° *35*

1 M. E. D. M. E. D.

Nombre		Appartement	Bain	Cuisine	Total
1	Maître . .	*20*		*13*	*33*
	Enfant . .				
	Domestique . .				
		20		*13*	*33*

Observations : *Aucune modification dans l'arrangement.*

Nice, le *12 Mars* 19...

Signature :

GRAND HOTEL GUGLIA (MODÈLE 4)

BULLETIN DE DÉPART

de Monsieur Millard

Départ à 14 heures.

CHAMBRE N° *35*

Nombre de Personnes 1
Nombre de Colis 1.

CONSOMMATIONS DU JOUR

En appartement :

1 Déjeuner complet

A la Salle :

1 Lunch

Vu par :

Le Sommelier d'étage, Le Valet, La Femme de Chambre,

Le Maitre d'hôtel, Le Concierge, Le Directeur,

Nice, le 24 Mars 19...

(Modèle 5)

LIVRE DES VOYAGEURS

ET

PLAN D'UN HOTEL

(Modèle 5)

LIVRE DES VOYAGEURS

ARRIVÉES

DATES		ARRIVÉES NOMS DES VOYAGEURS	VOYAGEURS			NUMÉRO DE L'APPARTEMt OCCUPÉ	CONDITIONS	REPAS PRIS À L'ARRIVÉE
			N.	E.	D.			
Février	15	Mr Milhaud . . .	1	1	»	48	Arrangement 45 f.	diner
dito	15	Mlle Dubaut . . .	1	»	»	50	At 35 f.	»
dito	15	Mr Caltier . . .	1	»	»	51	At 35 f.	»
dito	15	Mr Carpentier . .	1	»	»	53	At 40 f.	»
dito	15	Mlle Garnier. . .	1	»	»	49	At 35 f.	»
dito	15	Mr Vinson . . .	1	»	»	56	At 40 f.	»
dito	15	Mme David . . .	1	2	1	57-58	Appartement 75 f.	néant
dito	15	Mlle Coste . . .	1	»	1	63	At 45 f.	diner
dito	15	Mr Favraut . . .	1	»	»	61	At 35 f.	»
»	»	»	9	3	2	»	»	»

DÉPARTS

DATES		DÉPARTS NOMS DES VOYAGEURS	VOYAGEURS			VOYAGEURS RESTANTS			OBSERVATIONS
			M.	E.	D.	M.	E.	D.	
Février	14	»	»	»	»	30	6	5	»
dito	15	Mr Chabane . . .	1	»	»	»	»	»	poste restante, Lyon
dito	15	Mr Péron . . .	1	1	»	»	»	»	»
dito	15	Mr Colmars . . .	1	»	»	»	»	»	»
dito	15	Mlle Regnault . .	»	»	1	»	»	»	rue de Rivoli, 10, Paris
dito	15	Mr Staub . . .	1	»	»	»	»	»	»
dito	15	Mme Sylve . . .	»	»	1	»	»	»	»
»	»	»	4	1	2				»
Février	15	»	»	»	»	35	8	5	»

Hôtel Guglia

· NICE ·

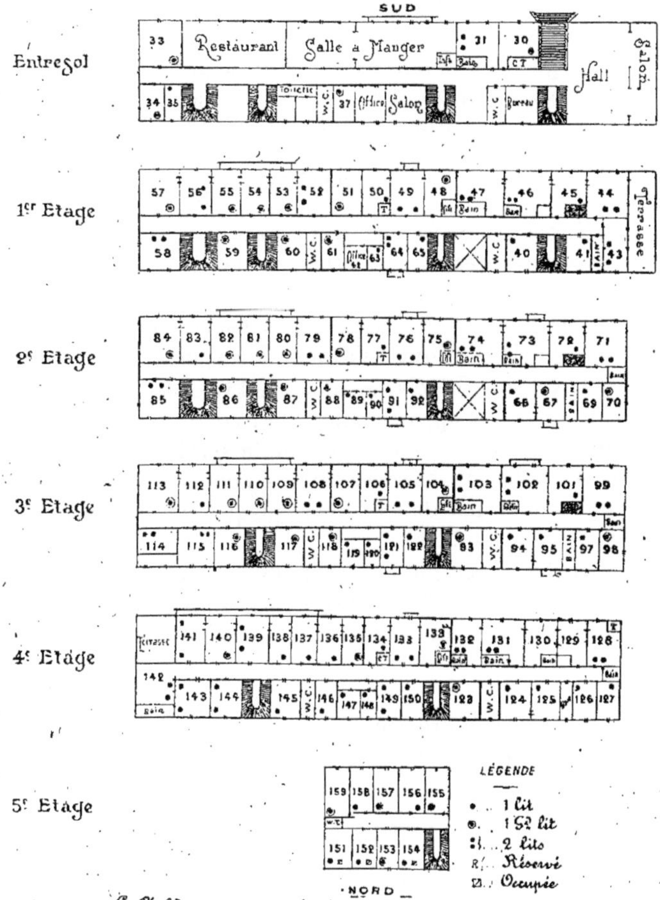
SUD
Entresol
Restaurant
Salle à Manger
Hall
Salon
Office
Bureau
W.C.
1er Etage
Terrasse
2e Etage
3e Etage
4e Etage
5e Etage
NORD
LÉGENDE
• .. 1 lit
◉ .. 1 Gd lit
: .. 2 lits
R .. Réservé
☒ .. Occupée

NOTA — *Le Chef de réception crosse les chambres occupées et a ce plan sous les yeux pour distribuer les chambres libres aux voyageurs arrivés dans la journée*

La page *arrivées* porte la date d'arrivée, les noms des voyageurs (maîtres, enfants, domestiques) avec les numéros de l'appartement choisi, les conditions acceptées. Le repas pris à l'arrivée à l'hôtel y est noté s'il y a lieu.

La page *départs* porte la date du départ et reproduit les noms des voyageurs (maîtres, enfants, domestiques). Des observations y sont en outre consignées s'il est utile.

(Voir modèle **5***).*

Le Livre des voyageurs est arrêté par journée. Le total des voyageurs présents à l'hôtel est établi en ajoutant les arrivées du jour au nombre des voyageurs restant après les départs de la journée précédente. Il s'inscrit dans une colonne spéciale sous la rubrique : Voyageurs restant.

Dans certains hôtels, au lieu du Livre des voyageurs, il existe un Livre des appartements (un livre par n° de chambre). Chaque voyageur y est inscrit, par le service de réception, d'après le bulletin d'arrivée et y a son compte ouvert. Ce compte est tenu par doit et avoir jusqu'à ce qu'il soit soldé par le paiement de la note.

Le chef de réception chargé du Livre des voyageurs a, sous les yeux, un plan de l'hôtel dressé par étages, qui lui permet de fournir aussitôt tout renseignement utile sur les chambres libres.

Il *crosse* ou, en d'autres termes, marque d'une croix sur le plan chaque chambre occupée ou retenue de manière à connaître très rapidement les disponibilités.

QUESTIONNAIRE

56. Qu'est-ce que le Livre de police ? Comment est-il constitué ? — **57**. Dites ce que vous savez sur le Bulletin d'arrivée. — **58**. En quoi consiste le Bulletin de mutation et quelle est son importance ? — **59**. Donnez quelques détails sur la composition et sur l'utilité du Bulletin de départ. — **60**. Qu'entend-on par Livre des voyageurs ?

EXERCICE

1. — Etablir le Livre des voyageurs pour la journée du 3 mai :

	M	E	D
Voyageurs à l'hôtel. . . .	40	9	11
Arrivées.	17	5	3
Départs	12	3	5

2. — Rouvrir le Livre des voyageurs à la date du lendemain 4 mai avec le nombre de voyageurs restant à l'hôtel.

CHAPITRE XII

SOMMAIRE : Commandes des voyageurs : Bons. — Main courante. — Etablissement de la main courante. — Notes des voyageurs. — Livre de récapitulation des recettes. — Répertoire des voyageurs.

61. **Commandes des voyageurs.** — Pour toute consommation prise soit à l'étage, soit à la salle, l'employé responsable (sommelier ou commis) remplit un *bon* en double exemplaire. Le double est fait au papier carbone.

(*Voir modèle* **6**).

Le *bon noir*, c'est-à-dire la feuille sur laquelle l'écriture a été tracée directement, parvient à la comptabilité pour que la dépense soit portée au compte ou note du client.

Le *bon bleu*, c'est-à-dire le bon imprimé à l'aide du papier carbone, est remis au service intéressé : cave, office, cuisine.

Sur chaque bon, sont inscrits le n° de la chambre du client, la dénomination de la consommation, la date, la signature et le n° de l'employé à qui incombe l'exécution de la commande.

Le montant des bons est relevé, chaque jour, sur la main-courante qui sert à établir les notes des voyageurs.

Vérification des bons. — Les bons bleus sont retirés dans les différents services, une fois par jour, pour être pointés par rapprochement avec les noirs.

(Modèle 6)

BONS

BON détaché d'un carnet à souche.
Chaque employé a son carnet.

Office n° 15.
(pour Economat ou Cuisine).

35 déjeuners (personnel).

15/1/19..

(Signature ou numéro du commis du personnel)

BON détaché d'un carnet à souche.
Chaque employé a son carnet.

Cuisine n° 65
(pour Economat).

2 kgs beurre.

15/1/19..

(Signature du chef-cuisinier)

BON détaché d'un carnet à souche.
Chaque employé a son carnet.

Restaurant n° 30.
(pour Cuisine).

5 poulets.

15/1/19..

(Signature ou numéro du chef de rang ou commis)

BON détaché d'un carnet à souche.
Chaque employé a son carnet.

Restaurant n° 16.
(pour Cave).

1 Médoc ordinaire.

15/1/19..

(Signature ou numéro du chef de rang ou commis)

Ils sont tous numérotés et aucun ne doit être égaré. Toute consommation servie sans bon peut entraîner, en ce qui concerne l'employé responsable, l'application d'une sanction sévère.

Centralisation des bons. — Dans certains hôtels il existe, en outre, *un Livre de relevé des consommations et des dépenses* qui doivent être portées aux comptes ou notes des voyageurs.

Ce livre comprend les indications suivantes :

Nom des sommeliers qui ont présenté la commande ;

Désignation des dépenses à porter aux comptes des voyageurs ;

Prix unité ;

Sommes ;

Services qui ont fourni ;

Nom des voyageurs et numéro des chambres.

Ce livre est arrêté tous les soirs après centralisation des bons et contrôle.

62. **Main courante.** — Il faut entendre par main courante un registre qui relate, sur une ligne unique, tout le détail des sommes dues par un même voyageur pour une journée.

En général, il se décompose en deux :

un registre pour les jours impairs 1,3,5,7...

— — pairs 2,4,6,8...

Cette disposition a pour objet de faciliter le travail de comptabilité centrale, qui se fait chaque jour d'après la main courante de la veille.

Documents qui servent à établir la main courante. — La main courante est établie à l'aide de plusieurs documents :

1° *La feuille journalière du maître d'Hôtel* sur laquelle sont relevés les repas et les consommations pris à la salle. (*Voir modèle 7*).

Le maître d'hôtel est responsable des consommations omises dans son service. Il doit en payer le montant au prix de la carte. Cette mesure a pour effet de le rendre lui-même exigeant auprès de ses employés.

2° *Les feuilles des étages,* remplies par les chefs d'étage, pour toutes les consommations ou repas servis dans les appartements des voyageurs. Chacun des sommeliers a la même responsabilité que le maître d'hôtel.

Les feuilles des étages sont contrôlées par rapprochement avec les bons qui sont centralisés à la cuisine et à la cave et remis, le soir, à la Direction *(voir modèle 8)*.

3° *Les livres de bons des employés et des femmes de chambre* tenus d'après les mêmes principes que les documents précédents. Les feuilles du maître d'hôtel et des sommeliers, les livres de bons doivent être à jour à toute heure pour permettre d'établir les notes des clients qui s'en vont et dont on connaît le moment du départ par le bulletin spécial dont il est parlé au § 59.

Tracé de la main courante : Les colonnes de la main courante portent en tête, de gauche à droite, les indications ci-après :

Lettres de repère ;

Numéros des chambres des clients ;

Noms des voyageurs et prix de l'arrangement, s'il y a lieu ;

Nombre de voyageurs décomposé en M. E. D (maîtres, enfants, domestiques).

Repas pris à la salle ou à l'étage ;

Dénomination et total des consommations de cuisine ;

Dénomination et total des consommations de cave ;

Montant : appartement, chauffage, éclairage, service, omnibus, voitures, divers (Ces rubriques varient suivant les hôtels).

Taxe : 1 %, 3 % ou 10 % suivant la catégorie d'hôtel.

Total, par client, de la dépense journalière ;

Report des journées précédentes ;

Montant total de la dette du client ;

(Modèle 7)

FEUILLE

DU

MAITRE D'HOTEL

(Modèle 7)

FEUILLE DU MAITRE D'HOTEL

Journée du 8 Novembre 19..

Le maître d'hôtel est responsable de toutes les consommations servies à la salle, il devra en régler le montant en cas d'erreur ou d'omission.

NUMÉROS	NOMS	CUISINE Déjeuner	CUISINE Lunch	CUISINE Diner		CAVE		RESTAURATION	DIVERS
30	Milhaud	1	1	1	1	Sauterne.			
42-44	Leblanc	2	3	2	1	Moët et Chandon.			
48-49	Durand	2	2	2	1	Graves. 1 Côte rôtie.	1	Poulet sauté Beaulieu.	
50-51-52	Franckel	3	»	3	1	Drapeau Américain.	1	Coque. 2 nouilles beurre.	
72-73	Dickens	2	2	1	1	Bière. 1 St-Galmier.	2	Jambons froids.	
110	Perrier	1	1	»	1	Vve Cliquot.	1	Chartreuse.	
112-113	Monnier	3	3	3	1	Médoc supr. 1 Monopol. 1 Beaune.		3 filets de sole Castillane. Selle d'agneau bouquetière.	
115	Reysior	1	2	1	1	Saint-Julien.	1	Filtre.	
116-17-18	Faraud	4	5	4	1	Pommard. Nuits.			
120-122	Baudoin	2	3	2	1	Médoc supérieur.	1	Infusion menthe.	
123-124	Pèvre	2	2	2	1	Vittel. 1 Pommard.			
126	Guido	1	1	1	1	Chablis Moutonne.			
129	Auda	1	»	1	»	»	2	Pièces œufs au plat.	
130-131	Isoard	2	3	2	2	White Star.	3	Œufs brouillés à la Serbe. 1 Poulet cocotte jardinière. 3 Asperges mousseline. 3 Coupes Thaïs, fruits.	

Modèle 8)

TABLEAU

DES

DÉJEUNERS ET CONSOMMATIONS SERVIS A L'ÉTAGE

OU

FEUILLE DES ÉTAGES

TABLEAU

DES

DÉJEUNERS ET CONSOMMATIONS SERVIS A L'ÉTAGE

(Modèle 8)

Chambres	Nombre de Voyageurs	HEURES DU SERVICE DES DÉJEUNERS A L'ÉTAGE									NATURE DES CONSOMMATIONS SERVIES						
		6 h.	6 1/2	7 h.	7 1/2	8 h.	8 1/2	9 h.	9 1/2	10 h.	Cafés	Chocolats	Thés	Service à la Carte		Consommations de Cave	
31	2				2						2			2	Œufs jambon.	1	Galmier.
32	1			1									1				
33	1	1										1		1	Omelette.		
34	2						2				2			2	Œufs coque.		
35	2							2				2		1	Œuf brouillé.	1	Vichy.
36	1	1									1						
37	1					1					1			1	Œuf jambon.		
38	2								2			2					
39	1									1			1	1	Omelette.	1	St-Galmier.
40	1									1	1						
41	2		2									2		2	Fruits.		
42	2				2						2						
43	1		1										1	1	Viande froide.	1	Évian.
44	1						1					1					
45	2					2					2						
46	1							1				1					
47	2									2	2			2	Porridge.		
48	2			2									2				
49	1				1							1					
50	1								1		1						
51	2	2											2	2	Œufs coque.		
52	1		1										1				
53	1						1					1					
54	2					2					2			2	Viandes froides	1	St-Galmier.
55	2					2					2						
56	1				1								1	1	Fruit.		
57	1			1							1						
58	1									1	1						
59	2		2									2		2	Porridge.	1	Évian.
60	1				1						1						
61	2					2							2	1	Œuf coque.	1	St Galmier.
Totaux des Voyagrs	45																
Récapitulation des Plateaux à dresser		2 de 1 1 de 2	2 de 1 2 de 2	2 de 1 1 de 2	3 de 1 2 de 2	1 de 1 4 de 2	2 de 1 1 de 2	1 de 1 1 de 2	1 de 1 1 de 2	3 de 1 1 de 2	21	13	11				

Encaissements journaliers ;
Ristournes ou rabais ;
Montant dû à reporter pour chaque client ;
Lettres de repère correspondant à celles de la première colonne.

(*Voir modèles* **9** *et* **10**).

63. **Etablissement de la main courante.** — Dès le matin, le secrétaire prépare la main courante du jour. A cet effet, il inscrit, par ordre de numéros de chambre, les noms des voyageurs déjà à l'hôtel, le chiffre de l'arrangement et le report des journées précédentes, s'il y a lieu. Après le dîner, le maître d'hôtel lui dicte, d'après les documents précités (§ 62), tout le détail de la consommation de la journée, pendant qu'un deuxième secrétaire dresse les notes des voyageurs qui doivent être arrêtées tous les soirs.

Les dépenses étant portées en face du nom de chaque intéressé, le secrétaire fait le total journalier qui est contrôlé par rapprochement avec le total de la journée relevé sur la note du client.

Il ajoute ensuite à ce total journalier le report dû des journées précédentes, ce qui donne le montant dû et constitue, avec le report, la note du client.

Deux cas peuvent se produire :

1° *La note du client est encaissée avec ou sans ristourne :* Si la *note est encaissée sans déduction*, son montant figure dans la colonne *encaissements* et aucune somme n'est portée dans les deux dernières colonnes, le compte du client étant balancé.

S'il y a eu ristourne, l'encaissement net figure seul dans la colonne spéciale et la *ristourne* est portée dans la colonne suivante, le total de ces deux colonnes devant donner le montant total. Le compte est également balancé : aucune somme n'est inscrite dans la dernière colonne ou montant dû à reporter.

2° *Le client ne paie pas sa note :* La colonne *encaissements* et celle des *ristournes* restent sans mention et le montant dû par le client est inscrit dans la dernière colonne d'où il sera porté sur la main courante du lendemain.

Tous les soirs la main courante est arrêtée. Toutes les colonnes sont additionnées et le contrôle des totaux est obtenu de la manière suivante :

1° Le total de la colonne *montant journalier* doit égaler le total de toutes les *colonnes de dépenses* qui précèdent ;

2° Le total de la colonne *montant total* doit égaler le montant de la *colonne journalière* plus le montant de la *colonne report des journées précédentes* ;

3° Le total des trois dernières colonnes : *encaissements, ristournes, montant dû à reporter* doit encore égaler le total de la *colonne montant total.*

Toutes les additions étant vérifiées, les totaux sont inscrits et soulignés par un double trait qui sépare les opérations closes de celles de la journée suivante.

Toute correction sur la main courante doit être faite à l'encre rouge, aucun grattage n'est permis.

Le secrétaire peut préparer, dès qu'il en a le loisir, la main courante du lendemain. Pour cela, il inscrit les noms des voyageurs présents à l'hôtel, par ordre de numéro de chambre, avec l'indication de l'arrangement, s'il y a lieu, et il porte dans la colonne : *Report des journées précédentes, le montant dû à reporter de la veille.* Ce travail est, ainsi qu'il a déjà été dit, facilité par l'emploi de deux registres : pair et impair. Le lendemain, le secrétaire n'aura plus qu'à reporter les consommations des voyageurs déjà inscrits et à compléter ses écritures par l'inscription des noms des voyageurs arrivés le jour même à l'hôtel.

Les totaux des différentes colonnes sont arrêtés chaque soir ; le total général contrôle les totaux des diverses rubriques.

La main courante, disposée ainsi sous forme de tableau, a l'avantage de réduire les écritures au minimum.

(Modèle 9)

MAIN-COURANTE

LIVRE IMPAIR

LIVRE IMPAIR

JOURNÉE DU 25 *Janvier* 19..

(MODÈLE 9)

		Nos Appartem[ts]	Nombre de voyageurs M	B	D	NOMS DES VOYAGEURS	Arrangements	Repas salle D	L	D	Repas étage D	L	D	Cuisine Dénomination	Cuisine Prix	Cave Dénomination	Cave Prix	Appartement	Lumière	Service	Chauffage	Blanchissage	Timbres	Omnibus	Divers	Montant journalier (1)	Report des journées précédentes	Montant total	Encaissements journaliers	Ristournes	A reporter	
	A	41	1			M. Romain .	60	1	1	1					32 »	1 Chablis . 8; 1 Monopole . 4	12 »	25	1	1	1					72 »	340 »	412 »			412 »	A
D	B	42	2		1	M. Baron .	130	3	3	3				71; 1 Thé . 4; 2 Chocolats . 8	83 »	2 Vichy . . .	8 »	50	3	3	3					150 »	712 »	862 »	862 »	» »	» »	B
	C	44	1	1		M. Paky . .			2	2	2			2 Déjeuners . 45; 2 Pudding . 6	51 ·	1 Whisky . 4; 1 Bazac . 10	14 »	42	2	4	2	17				132 »	413 »	545 »			545 »	C
D	D	47	3		1	Major Pack . .	165	4	4						80 »	1 Sauternes .	8 »	73	4	4	4	22		12		207 »	804 »	1.011 »	1.011 »	» »	» »	D
	E	110-112	2	1		M. Cazalis .	140	3	3	3					75 »	1 St-Emilion .	9 »	56	3	3	3					149 »	257 »	406 »			406 »	E
	F	117-119	4		2	M. Desbruyères .	220	6	6	6				105; 1 dz. huîtres 8; 1 Poularde . 40	153 ·	1 Vals . . 4; 1 Pommery . 35; 1 Graves . . 8	47 »	97	6	6	6	40	7		8	370 »	1.041 »	1.411 »			1.411 »	F
	G	214	2			M. Henrys .			2		2				55 »			45	2	4	2				4	112 »	215 »	327 »			327 »	G
A	H	46	1		1	M. Menabréa .	120		2	2				70; 2 Œufs pochés 4; 1 Entremet . 8	82 »	1/2 Perrier . 3; 1/2 Mâcon . 5	8 »	44	2	2	2			5		145 »		145 »			145 »	H
A	I	58	2	1		M. Marin . . .				3					40 »	1 St-Galmier .	4 »	60	3	3	3			8		121 »		121 »			121 »	I
A	J	74	1			M. Zobell .	65		2	1				30; 2 Œufs plat. 4; Pâtisserie 3	37 »			32	1	1	1			3,50		75 50		75 50		0 50	75 »	J
A	K	203-204	3		1	M. Falrani .	135		4	4				60; Marmite . 15; 4 Thés . 16; Pâtisserie . 12	103 »	1 Médoc . . 9; 1 St-Estèphe 9; 1 White Star 40	58 »	53	3	3	3			8		231 »		231 »			231 »	K
			22	3	5			17	29	25	4				791 »		168 »	577	30	34	30	79	7	36,50	12	1.764 50	3.782 »	5.540 50	1.873 »	0 50	3.673 »	

(1) Dans le cas où une taxe de 1, 3 ou 10 °/ₒ du montant de la consommation journalière doit être payée par le voyageur, une colonne supplémentaire est ajoutée à la Main-Courante entre la colonne Montant journalier et la colonne Report des journées précédentes. Les sommes qui y sont inscrites se totalisent avec celles portées dans les colonnes précitées pour donner le total à inscrire dans la colonne Montant total.

(Modèle 10)

MAIN-COURANTE

LIVRE PAIR

LIVRE PAIR

JOURNÉE DU *26 Janvier* 19...

(MODÈLE 10)

	Nos Appartemts	Nombre de voyageurs M	B	D	NOMS DES VOYAGEURS	Arrangements	Repas salle P	L	D	Repas étage D	L	D	Cuisine Dénomination	Prix	Cave Dénomination	Prix	Appartement	Lumière	Service	Chauffage	Blanchissage	Timbres	Omnibus	Divers	MONTANT journalier	REPORT	MONTANT total	Caisse	Ristournes	A reporter	
A	4	1			M. Romain . .	60											25	1		1						412 »					A
B	44	2		1	M. Paky . . .												42	3		3						545 »					B
C	46	1		1	M. Ménabréa .	120											44	2		2						145 »					C
D	58	2	1		M. Marin. . .												60	3		3						121 »					D
E	74	1			M. Zobell . .	65											32	1		1						75 »					E
F	110-112	2	1		M. Cazalis .	140											56	3		3						406 »					F
G	117-119	4		2	M. Desbruyères .	220											97	6		6						1.411 »					G
H	203-204	3		1	M. Falrani . .	135											63	4		4						231 »					H
I	214	2			M. Henrys . .												45	2		2						327 »					I
J																															J
K																															K
L																															L
																										3.683 »					

64. **Notes des voyageurs.** — Les notes des voyageurs constituent, en réalité, le Grand Livre par rapport à la main courante qui représente le Journal.

Comme la facture commerciale, elles se composent de deux parties : l'en-tête et le corps.

L'en-tête comprend le nom de l'hôtel, l'adresse, le n° du téléphone et une ligne ménagée pour y écrire le nom du client.

Le corps contient, en marge, l'énumération des articles de consommation et, à la suite, pour les sept jours de la semaine, sept colonnes maîtresses, subdivisées en francs et centimes, pour les sept jours de la semaine.

La consommation journalière est inscrite dans la colonne du jour, elle est totalisée en bas (contrôle de la main courante) ; le total du 1er jour est reporté au-dessous du total du 2e jour, de manière à ce que les deux sommes réunies donnent le report au 3e jour et ainsi de suite, le total porté au 7e jour, sur la ligne report, étant le total dû pour la semaine.

En général, au-dessous des reports journaliers, une ligne permet d'inscrire les débours du concierge qui se totalisent ainsi par semaine.

Une fiche de contrôle attenant à la note par un pointillé et portant le n° de chambre, le nom du client, la date du jour, le total de la facture, *est détachée au moment du paiement effectué par le voyageur* (qui conserve la note acquittée) ; cette fiche va à la Direction constituer le document comptable : contrôle des recettes. Dans certains hôtels, chaque note porte un numéro d'ordre répété sur la fiche de contrôle.

L'acquit des notes d'hôtel doit être timbré comme celui de toute facture dont le montant est supérieur à 10 fr.

Il est d'usage de classer les notes en cours dans un biblorhapte spécial constitué par des feuilles de papier buvard répertoriées par ordre alphabétique où le secrétaire les dépose après y avoir porté les dépenses de la journée. Elles n'en sont retirées que pour être présentées au client.

(Voir modèle 11).

65. **Main courante-restaurant.** — En dehors de la main courante employée à l'hôtel, il existe une main courante simplifiée à l'usage des restaurants et établissements qui n'ont à tenir compte que des consommations de cuisine, de cave et de caféterie servies à leurs clients.

Ce registre se divise en deux parties :

1° *la souche* ou *main courante proprement dite* qui comprend cinq colonnes :

1re colonne : dénomination des consommations.
2e — montant des consommations de cuisine.
3e — — — de cave.
4e — — — de caféterie.
5e — montant total de chaque note du client.

Le montant de cette dernière colonne donne, chaque jour, le chiffre des recettes. Il doit concorder avec la somme des totaux des colonnes : cuisine, cave et caféterie.

2° *le volant* qui comprend, en général, dix-huit cases séparées par un pointillé permettant de les détacher facilement.

Chacune de ces cases constitue la *note du client* sur laquelle sont reportées les consommations le concernant inscrites sur la main courante.

Sur un feuillet blanc, inséré entre deux pages de main courante, s'imprime le duplicata des notes au moyen du papier carbone.

(*Voir modèle* **12**).

66. **Livre de récapitulation de la main courante ou Livre des recettes.** — Ce livre, dressé d'après la main courante, est, en somme, un relevé des totaux journaliers de cette dernière, une ligne étant affectée à chaque journée, une page à chaque mois. Le compte est totalisé par décade, ce qui évite les risques d'erreurs provenant d'additions trop longues, tout en abrégeant le travail de fin de mois.

Le *Livre de récapitulation* comporte les mêmes rubriques

(Modèle 11)

OUVERT TOUTE L'ANNÉE — OPEN ALL THE YEAR ROUND — N° 75

GRAND HOTEL GUGLIA

Chauffage à eau dans toutes les chambres — Promenade des Anglais NICE — SITUATION PLEIN MIDI SUR JARDINS

ETATVILLE, Propriétaire Directeur

NOTE pour Mr Frank Young et famille

Mois de Décembre 19		22	23	24	25	26	27	28
		Fr. C.	Fr. C.	Fr. C.	Fr. C.	Fr. C.	Fr. C.	Fr. C.
Timbre								
Omnibus et bagages	A	7 »		6 »		6 »		
Appartement	B							
Eclairage, Service & Chauffage	C							
Arrangement	D	60 »	60 »	60 »	60	60 »	60 »	60
Pension Domestique	E							
Déjeuner Salle	F							
» Appartement	G							
Lunch Table d'hôte	H		8 »					16
» Restaurant	I							
» Appartement	J		4 »				4 »	
Diner Table d'hôte	K							
» Restaurant	L					20 »		
» Appartement	M							
Restauration	N					1		
	O							
	P							
	Q							
	R							
Œufs	S	4 »		4 »				
Café filtre	T	4	6 »	4 »		8 »		
Thé, café, lait, etc.	U				4 »			
Five o'clock tea	V		12	8 »	8 »		8 »	16 »
Vins. Grave	W	6 »	12 »		12 »	18 »	6 »	12 »
Chartreuse	X			8 »	12 »	16 »		8 »
Champagne	Y				40	80 »		40
	Z							
	a							
Eaux Vichy	b		2 »	2 »			4 »	
	c							
	d							
Bières	e							
	f							
Bains	g							
Téléphone	h							
Divers	i							
Blanchissage	j							
	k							
TOTAL DU JOUR	l	81 »	104 »	92 »	136 »	208 »	82 »	152 »
Report	m		81 »	185 »	277 »	413 »	621 »	703 »
TOTAUX	n	81 »	185 »	277 »	413 »	621 »	703 »	855 »
Débours Concierge	o							
	p							

Les notes sont présentées chaque semaine et le règlement se fait de même.

Contrôle — N° 00562 — N° de Chambre 24 — Total Fr. 855

00562 — Nom Mr Frank Young — Le 28/12 19 — 855

(Modèle 12)

MAIN-COURANTE
RESTAURANT

MAIN-COURANTE RESTAURANT
JOURNÉE DU 3 MARS 19..

DÉNOMINATION DES CONSOMMATIONS	CUISINE fr.	CUISINE c.	CAVE fr.	CAVE c.	CAFETERIE fr.	CAFETERIE c.	MONTANT DES NOTES fr.	MONTANT DES NOTES c.
Table N° 6.								
4 Potages	12	»						
4 Soles	20	»						
4 Entre côtes	20	»						
4 Petits pois	16	»						
1 Coupe fruits	10	»						
1 Chablis			10	»				
1 Médoc			12	»				
4 Cafés					6	»	106	»
Table N° 3.								
4 Déjeuners	32	»						
1 Médoc			12	»				
1 Vichy			2	»				
4 Cafés					6	»	52	»

NOTES DES CLIENTS *pour la Journée du 3 Mars 19..* (Modèle 12)

RESTAURANT DE PARIS
17, place Bellecour
TABLE N° 6 — LYON — T. : 51.23
3 Mars 19..

	fr.	c.
4 Potages	12	»
4 Soles	20	»
4 Entre côtes	20	»
4 Petits pois	16	»
1 Coupe fruits	10	»
1 Chablis	10	»
1 Médoc	12	»
4 Cafés	6	»
TOTAL	106	»

RESTAURANT DE PARIS
17, place Bellecour
TABLE N° 3 — LYON — T. : 51.23
3 Mars 19..

	fr.	c.
4 Déjeuners	32	»
1 Médoc	12	»
1 Vichy	2	»
4 Cafés	6	»
TOTAL	52	»

RESTAURANT DE PARIS
17, place Bellecour
TABLE N° — LYON — T. : 51.23
3 Mars 19..

RESTAURANT DE PARIS
17, place Bellecour
TABLE N° — LYON — T. : 51.23
3 Mars 19..

RESTAURANT DE PARIS
17, place Bellecour
TABLE N° — LYON — T. : 51.23
3 Mars 19..

RESTAURANT DE PARIS
17, place Bellecour
TABLE N° — LYON — T. : 51.23
3 Mars 19..

RESTAURANT DE PARIS
17, place Bellecour
TABLE N° — LYON — T. : 51.23
3 Mars 19..

RESTAURANT DE PARIS
17, place Bellecour
TABLE N° — LYON — T. : 51.23
3 Mars 19..

RESTAURANT DE PARIS
17, place Bellecour
TABLE N° — LYON — T. : 51.23
3 Mars 19..

RESTAURANT DE PARIS
17, place Bellecour
TABLE N° — LYON — T. : 51.23
3 Mars 19..

que la main courante ; sa raison d'être consiste à mettre en évidence, en bas de page, les totaux mensuels.

(*Voir modèle* **13**).

A chacun de ces totaux s'ajoute le total des mois précédents, de telle sorte que les derniers inscrits à la page de décembre constituent les totaux annuels.

Au-dessous de ceux-ci, les totaux de l'année précédente, à la même date, sont portés comme point de comparaison.

Au commencement ou à la fin de ce livre, il est d'usage de faire une récapitulation des totaux journaliers de recette pour une période de dix ans, par exemple, de manière à établir une statistique permanente du chiffre d'affaires.

Dans les hôtels de Société, une feuille dite de *Rapport journalier*, récapitulant par chapitres les recettes et les dépenses, est adressée chaque jour au siège de la Société. Il y est porté, en rouge, les recettes et dépenses du même quantième de l'année précédente comme point de comparaison.

(*Voir modèle* **14**).

67. **Livre de Répertoire des voyageurs.** — Ce registre comprend les colonnes suivantes :

Dates d'arrivée, noms et prénoms des voyageurs, lieux d'origine, chiffre d'arrangement, numéro de l'appartement, dates de départ, adresses particulières, observations.

Il est clair que ce répertoire a le caractère d'un document personnel plutôt que celui d'un livre comptable.

Au début d'une saison, l'hôtelier y jette un coup d'œil pour connaître la durée possible du séjour d'un client ancien qui revient, le chiffre approximatif de ses dépenses, pour se rappeler ses goûts, ses exigences même.

Il est d'ailleurs utile, à divers points de vue, de noter soigneusement l'adresse des clients, non seulement pour faire suivre leur correspondance, mais encore pour leur adresser des circulaires, des albums, des rappels aimables, etc.

QUESTIONNAIRE

61. — Que savez-vous sur la main courante restaurant ? Qu'entend-on par *bon* ? Quelles sont les indications que doit porter un bon ? Parlez du *bon noir*, du *bon bleu*. Quelles sont les mesures prises eu vue de leur vérification ? A quoi peut servir la centralisation des bons ? — **62.** Donnez la définition de la main courante ? — Pourquoi la main courante existe-t-elle sous la forme « pair, impair » ? Dites ce que vous savez : 1° sur la feuille journalière du maître d'hôtel ; 2° sur les feuilles des étages ; 3° sur les livres de bons des employés et des femmes de chambres. Donnez un aperçu du tracé de la main courante. — **63.** Comment s'établit la main courante ? Exposez le mécanisme comptable du règlement opéré dans les trois cas suivants : 1° note du client encaissée telle quelle ; 2° note comportant une ristourne ; 3° note non payée à la présentation. Comment la main courante est-elle arrêtée à la fin de chaque jour ? — **64.** Expliquez le procédé comptable adopté pour établir la *note du voyageur*. Que savez-vous de la *fiche de contrôle* ? — **65.** Exposez le procédé comptable qui concerne la tenue du *Livre de récapitulation*. — **66.** Quel est le but du *Répertoire des voyageurs* ?

EXERCICES

I. — Etablir une page de main courante comprenant quinze lignes de voyageurs tous arrivés ce jour à l'hôtel (donc, sans aucune somme à reporter de la veille) :

dix lignes seront calculées avec arrangement de 30 fr. par jour et par personne, 20 fr. par enfant ou par courrier ;

cinq lignes seront calculées pour des voyageurs descendus à l'hôtel sans arrangement préalable sur les bases suivantes :

Appartement.	10 à 15 fr. par jour.
Petit déjeuner	4 fr.
Déjeuner.	8 fr.
Dîner.	10 fr.

Porter à volonté des consommations supplémentaires de cuisine et de cave. Faire les totaux journaliers et vérifier leur concordance.

II. — D'après la main courante précédente, préparer la main courante du lendemain.

III. — Compléter la main courante préparée en tenant compte des données ci-après :

quatre nouveaux voyageurs arrivent à l'hôtel avec arrangement ;

les cinq voyageurs arrivés la veille et descendus à l'hôtel sans arrangement partent après paiement de leur note ; il a été accordé à l'un d'eux une ristourne de 10 fr. motivée par changement d'appartement.

(Mêmes bases de calcul que dans l'exercice I).

(Modèle 13)

RÉCAPITULATION

DE LA

MAIN COURANTE

RECAPITULATION DE MAIN-COURANTE

FÉVRIER 19 .

JOURS	Maîtres	Enfants	Domestiques	Cuisine		Cave		Appartement		Lumière	Chauffage	Service	Bains	Blanchissage		Omnibus		Timbres et divers		Montant journalier		Report des journées précédentes		Montant total		Encaissements		Notes impayées Ristournes		Montant du à reporter	
1	40	5	3	625	»	415	»	320	»	45	45	45	120	170	»	140	»	—		1.925	»	—		1.925	»	1.520	»	3	»	402	»
2	40	3	2	610	»	420	»	335	»	43	43	43	85	120	»	95	»	—		1.794	»	402	»	2.196	»	1.635	50	—		560	50
3	44	5	1	740	»	475	»	430	»	49	49	49	145	130	»	135	»	—		2.202	»	560	50	2.762	50	1.721	30	5	25	1.035	95
4	43	4	1	717	50	450	»	420	»	47	47	47	130	110	»	115	»	—		2.083	50	1.035	95	3.119	45	1.875	70	—		1 243	75
5	47	4	1	810	»	495	»	485	»	51	51	51	120	130	»	124	»	3	»	2.320	»	1.243	75	3.563	75	1.645	20	5	»	1 913	55
6	49	4	1	212	55	503	»	509	»	53	53	53	135	149	»	151	»	—		2.418	75	1 913	55	4.332	30	1.530	20	—		2.802	10
7	50	4	1	825	»	510	»	520	»	54	54	54	130	175	»	149	»	—		2 471	»	2 802	10	5.273	10	1.726	»	4	50	3.543	60
8	52	5	1	830	»	545	»	550	»	57	57	57	133	250	»	160	»	5	»	2.614	»	3.543	60	6 157	60	1.619	»	—		4.538	60
9	59	2	1	907	»	530	»	605	»	62	62	62	145	275	»	140	»	5	»	2.703	»	4.538	60	7.331	60	2.005	20	—		5 326	40
10	60	2	1	908	50	527	»	618	»	63	63	63	149	247	»	151	»	—		2.789	50	5.326	40	8.115	90	2.291	»	17	»	5 807	90
Total 1re décade.	494	38	13	7.785	75	4.840	»	4.792	»	524	524	524	1.292	1.756	»	1.360	»	13	»	23 410	75	21 366	45	44 777	20	17.508	60	34	75	27 174	35
11																															
12																															
13																															
14																															
15																															
16																															
17																															
18																															
19																															
20																															
Total 2e décade.	565	43	21	9.339	50	6.845	»	5.835	75	619	619	619	1 180	2.320	»	1.520	»	23	»	28.920	25	20.817	65	49.738	10	24 075	50	70	25	24.992	35
21																															
22																															
23																															
24																															
25																															
26																															
27																															
28																															
29																															
30																															
31																															
Total 3e décade.	740	29	27	10.221	30	7 525	50	6.931	25	721	721	721	1.230	2.151	»	1.430	»	29	50	31.681	55	23.000	»	54.681	55	27.554	15	81	50	27.045	90
Total général.	1.769	1.110	61	27.340	55	19.210	50	17 559	»	1.864	1.864	1.864	3.702	6.297	»	4.310	»	65	50	84.012	55	65 184	10	149.196	85	69.738	25	186	50	79.212	60
Reports mois précédents.	1.121	76	50	20.112	50	15 105	20	13.270	»	1.121	1.121	1.121	2.510	4 112	»	2.850	»	49	50	61.372	20	55 280	»	116.572	20	54.610	50	149	50	61.812	20
Total à reporter.	2.900	186	111	47.459	05	34.315	70	30.829	»	2.985	2.985	2.985	6.212	10.339	»	7.160	»	115	»	145.384	75	120.384	10	265.709	05	124.348	75	336	»	141.024	80
Total années précédentes.	2.725	151	98	30.505	05	26.105	20	23.510	50	2.115	2.115	2.115	4.181	6.130	»	4.325	»	117	»	107.548	75	102 500	»	210.018	75	101.614	50	278	50	101.893	»

Nota : *Les totaux partiels de la 2e et de la 3e décade n'ont pas été portés pour faire ressortir les totaux des 3 décades et le total général des 3 qui s'ajoute au report des mois précédents pour donner le nouveau report à ajouter au mois suivant.*

(Modèle 14)

FEUILLE

DE

RAPPORT JOURNALIER

(Modèle 14)

RAPPORT JOURNALIER. GRAND HOTEL *Ouverture 15 Juillet 19...*

19..			27 Juillet 19..+1		
Totaux de la Main-Courante	1.419	50	Cuisine	811	50
	209	»	Cave	167	50
	23	45	Blanchissage	»	»
			Appartement	1.266	»
			Eclairage	»	»
	153	60	Chauffage	»	»
	31	»	Bar	23	60
			Omnibus	7	»
			Musique	»	»
			Divers	4	95
	3.146	55	Total du jour	2.280	55
Report au 26/7	36.600	80	*Report*	20.386	60
	39.747	35	Total	22.667	15

Charbons	Cuisine, houille	Machines, coke
Du jour	400	350
Report	6.800	5.830
Total	7.200	6.200

	Eaux	Gaz
Du jour	127	64
Report	1.554	900
Total	1.681	964

Électricité	Lumière	Force
K. W.	124	—
Report	1.700	—
Total	1.824	—

PASSANTS

19.. Déjeuner	19.. Diner	19.. Montant			19..+1 Déjeuner	19..+1 Diner	19..+1 Montant	
—	—	—	—	Du jour	6	8	421	»
				Report	33	24	1.682	»
—	—	—	—	Total	39	32	2.103	»

19.. Bar		19.. After-teas			19..+1 Bar		19..+1 After-teas	
153	60	—	—	Du jour	23	60	»	»
2.493	10			*Report*	446	40	»	»
2.646	70	—	—	Total	470	»	»	»

19.. Recettes		19.. Dépenses			19..+1 Recettes		19..+1 Dépenses	
1.419	50	1.725	50	Du jour	811	50	1.695	75
17.102	50	33.641	70	*Report*	6.140	»	26.105	35
18.522	»	35.367	20	Total	6.951	50	27.801	10

CAISSE

Recettes			A ce jour	
Encaissement du jour	739	50	20.724	25
Dépenses du jour	139	»	8.369	»
			12.355	25

19..	M	E	D
Report	37		8
Départs	4		1
Reste ce jour	32		7
Arrivés	[illegible]		3
Total	[illegible]	»	10

CHAPITRE XIII

SERVICE DE CAISSE

SOMMAIRE : Pièces comptables de caisse. — Caisse-Hôtel. — Livre des débours. — Caisse générale. — Arrêter, rouvrir la caisse. — Récapitulation des recettes et des dépenses.

68. **Pièces comptables de caisse.** — Pour assurer le contrôle du service de caisse, toutes les recettes et les dépenses doivent être représentées par une pièce comptable :

les recettes par les talons des reçus donnés aux voyageurs au moment du paiement de leurs notes ou les fiches détachées des notes elles-mêmes ;

les dépenses par les reçus des fournisseurs, émargements du personnel, bons de caisse, tous documents soigneusement numérotés, classés dans un biblorhapte spécial.

Les principaux livres employés à l'hôtel pour constater le mouvement des espèces sont les suivants :

1° Caisse-Hôtel ;
2° Livre des débours ;
3° Caisse générale ou situation de caisse ;
4° Récapitulation des recettes et des dépenses.

69. **Caisse-Hôtel.** — Le livre de *Caisse-Hôtel* sur lequel tous les encaissements de notes sont inscrits, comprend cinq colonnes :

1 colonne : Numéro des chambres ;
1 colonne : Noms des voyageurs ;
1 colonne : Sommes encaissées ;
1 colonne : Sommes rétrocédées :
1 colonne : Motif de rétrocession.

(*Voir modèle* **15**).

Il est arrêté habituellement chaque jour. Le montant journalier des encaissements, enregistré au Livre de caisse-hôtel, est versé à la caisse générale, où il constitue un article de recettes. (Il est vérifié au moyen des fiches détachées des notes des clients).

Dans certains hôtels, les encaissements journaliers se totalisent pour la semaine et sont remis en un seul versement au service de la caisse générale qui en passe écriture par un seul article hebdomadaire.

Le Livre de caisse-hôtel peut être remplacé par un bordereau journalier des notes encaissées, dont le montant est également versé à la caisse générale.

Tous les bordereaux sont numérotés et classés soigneusement.

70. **Livre des débours.** — Le *Livre des débours* où sont inscrites les petites dépenses accidentelles (salaires des extras, pourboires, petits achats supplémentaires comptant), est arrêté chaque soir. Ce livre peut être remplacé par un bon de Caisse journalier. De cette manière, le total des débours constitue un ou plusieurs articles de dépenses du Livre de caisse générale à imputer soit au compte de Frais généraux, soit au compte Cuisine, etc...

71. **Livre de caisse générale ou Situation de caisse.** — Le Livre de caisse générale relate le mouvement des espèces ; il se tient sur deux pages en regard : *Recettes* et *Dépenses.*

Le côté *recettes* comprend quatre colonnes maîtresses :

1 colonne : date de l'opération ;

1 colonne : libellé explicatif ;

1 colonne : encaissements journaliers (francs et centimes) ;

1 colonne : comptes productifs de recettes.

Cette dernière colonne est subdivisée en trois colonnes partielles : capital, banques, caisse-hôtel.

La colonne partielle *caisse-hôtel* présente une particula-

LIVRE DE CAISSE-HOTEL (MODÈLE 15)

JOURNÉE DU 15 MAI 19..

Nº DE LA CHAMBRE	NOMS DES VOYAGEURS	SOMMES ENCAISSÉES		SOMMES RÉTROCÉDÉES		MOTIF DE LA RÉTROCESSION
30	Mme Loir.	230	50	»	»	»
46	Mr Fabre	185	»	»	»	»
63	Mr David	300	»	1	»	Différence s/ bain
52	Mlle Baudry . . .	217	25	»	»	»
27	Mr et Mme Durand .	372	45	»	»	»
15	Mr de Renet. . . .	115	»	»	»	»
12	Mme Henry . . .	274	75	»	»	»
18	Mr Menet . . .	86	85	»	»	»
35	Mr Leout . . .	678	»	»	»	»
37	Mlle Barau . . .	702	50	»	»	»
		3.162	30	1	»	
	Versé à Caisse générale	3.000	»	»	»	
	Solde en caisse . . .	162	30	»	»	
	TOTAL à ce jour .	3.162	30	»	»	

JOURNÉE DU 16 MAI 19..

Nº DE LA CHAMBRE	NOMS DES VOYAGEURS	SOMMES ENCAISSÉES		SOMMES RÉTROCÉDÉES		MOTIF DE LA RÉTROCESSION
	Solde à nouveau . .	162	30	»	»	
39	Mr Lalouette . . .	150	70	»	»	»
40	Mr Ayme . . .	200	»	»	»	»
45	Mr Byaisse	123	»	0	70	Différence s/ vin
47-9	Mme Barer	511	»	»	»	»
50	Mr Jaime . . .	220	»	0	50	Différence s/ bain
29	Miss Crifis	190	60	»	»	»
31	Mlle Isona	212	»	»	»	»
38	Mr Palan	340	»	»	»	»
10	Mr Verrine	280	»	»	»	»
60	Mr Bonduraud . . .	615	»	5	»	Erreur au 15 Mai
68	Mr Leleu	370	50	»	»	»
		3.375	10	7	20	
	Versé à Caisse générale	3.000	»	»	»	
	Solde en caisse . . .	375	10	»	»	
	TOTAL à ce jour . .	3.375	10	»	»	

rité. Elle est subdivisée, à son tour, en deux colonnes, l'une pour les recettes (*entrées*), l'autre pour les versements faits à la caisse générale (*sorties*). La différence entre le total des entrées et le total des sorties doit concorder avec le solde accusé par la caisse-hôtel.

Le côté *dépenses* comprend cinq colonnes maîtresses :
1 colonne : date de l'opération ;
1 colonne : libellé explicatif ;
1 colonne : numéro du document prouvant la dépense ;
1 colonne : dépenses journalières (francs et centimes) ;
1 colonne : comptes motivant les dépenses.

Cette dernière colonne est subdivisée en autant de colonnes partielles que l'exploitation le nécessite : cuisine, cave, frais généraux, mobilier, etc...

(*Voir modèle* **16**).

Les recettes sont inscrites, chaque jour, avec mention de la date et libellé explicatif, une première fois dans la colonne *encaissements journaliers*, une deuxième fois dans la colonne du *compte qui a produit la recette*. Le contrôle du total de la colonne encaissements journaliers s'obtient par la comparaison de ce total avec la somme obtenue en additionnant les totaux des colonnes des comptes productifs de recettes.

Les dépenses sont inscrites, chaque jour, avec mention de la date, libellé explicatif et n° du document prouvant la dépense, une première fois dans la colonne *dépenses journalières*, une deuxième fois dans la colonne du *compte qui a motivé la dépense*. Le contrôle du total de la colonne dépenses journalières s'obtient par la comparaison de ce total avec la somme obtenue en additionnant les totaux des colonnes des comptes qui ont motivé les dépenses.

Faire la caisse, c'est vérifier, chaque soir, si le *solde* obtenu en retranchant du total des recettes le total des dépenses correspond au solde réel en caisse.

Arrêter et rouvrir le Livre de caisse générale. — Ce livre

(Modèle 16)

LIVRE DE CAISSE GÉNÉRALE

(Modèle 16)

1 *RECETTES* — LIVRE DE CAISSE GÉNÉRALE — *DÉPENSES* 1

RECETTES

DATES	LIBELLÉS	Encaissem^ts journaliers	Encaissements par — Caisse Hôtel — Entrées	Encaissements par — Caisse Hôtel — Sorties	Encaissements par — Capital	Encaissements par — Banquiers
Janv. 1er	M/apport espèces.	150.000 »			150.000 »	
» 3	Encaissé ch/Cr.Cl.	31.590 »				31.590 »
» 3	» ch/Sté M^le.	2.000 »				2.000 »
» 3	Caisse Hôtel . .		900 »			
» 4	» . .		1.100 25			
» 5	» . .		1.103 65			
» 6	» . .		1.120 85			
» 7	» . .		1.217 30			
» 7	Prélèv^t C^se Hôtel.	5.000 »		5.000 »		
	Total Recettes .	188.590 »	5.442 25	5.000 »	150.000 »	33.590 »
				442 25		
		188.590 »	5.442 25	5.442 25		
Janv. 8	Espèces en caisse.	41.355 90				
	Solde de C. Hôtel.		442 25			

DÉPENSES

DATES	Numéros	LIBELLÉS	Dépenses journalières	Paiements pour — Cuisine	Cave	Banques	Frais de 1er Établ^t	Mobilier matériel outillage	Frais généraux	Effets à payer
Janv. 1er	1	Payé facture Cassin . .	35.000 »					35.000 »		
» 1er	2	Payé facture Kriéger . .	12.000 »					12.000 »		
» 2	3	Déposé Crédit Commercial .	90.000 »			90.000 »				
» 3	4	Payé honor^res Avocat conseil.	1.500 »				1.500 »			
» 3	5	Payé facture Verdiel . .	963 »	963 »						
» 3	6	Versé acompte facture Roger.	500 »		500 »					
» 3	7	Feuille de marché . . .	455 15	455 15						
» 4	8	Payé Publicité d'ouverture .	2.000 »				2.000 »			
» 4	9	Feuille de marché . . .	483 65	483 65						
» 5	10	Abonnement téléphone .	300 »						300 »	
» 5	11	Frais de timbres . . .	75 »						75 »	
» 5	12	Feuille de marché . . .	462 80	462 30						
» 6	13	» de marché . . .	515 »	515 »						
» 6	14	Note Bottin épicerie . . .	930 »	930 »						
» 7	15	Acquitté traite N°1 o/ Sulzer.	1.000 »							1.000 »
» 7	16	Feuille de marché . .	550 »	550 »						
Janv. 7		Total Dépenses . .	146.734 10	4.359 10	500 »	90.000 »	3.500 »	47.000 »	375 »	1.000 »
		Solde en Caisse . .	41.355 90							
			188.590 »							

est *arrêté* et *rouvert* comme un compte du grand livre, soit chaque semaine ou chaque mois (§ 33).

Dans certains hôtels, le solde est porté sur un relevé des valeurs ou *bordereau de caisse* avec le détail par catégories d'espèces.

C'est d'après le Livre de caisse générale que seront passés au journal les articles des recettes et dépenses.

Une même Société peut avoir en exploitation plusieurs hôtels différents ou un hôtel et une annexe ayant chacun leur livre de caisse générale. Dans ces cas, il est intéressant de centraliser les opérations sur un livre unique de *caisse centrale*, de manière à obtenir une comparaison des recettes et des dépenses de chaque établissement.

*(Voir modèle **17**).*

72. **Récapitulation des Recettes et des Dépenses.** — Ce registre est d'une importance capitale pour l'hôtelier qui veut suivre attentivement la marche de ses affaires.

Il existe entre le Livre de caisse générale et le Livre de récapitulation des recettes et des dépenses la même relation qu'entre la main courante et le Livre de récapitulation proprement dit.

Sur le Livre de récapitulation des recettes et des dépenses, toutes les recettes et les dépenses journalières sont inscrites, sur ligne unique, sous les mêmes rubriques qu'au Livre de caisse générale. Une page est consacrée à chaque mois et le total mensuel, ici aussi, s'ajoute aux totaux des mois précédents. Ainsi le total obtenu au douzième mois de l'année n'est autre que le total annuel.

En tête ou à la fin de ce livre, il est de règle, d'ailleurs, de récapituler les recettes et les dépenses par année, de manière à constituer une statistique permanente.

*(Voir modèle **18**).*

QUESTIONNAIRE

67. Qu'entend-on par pièces comptables de caisse ? Quels sont les livres employés pour constater le mouvement des espèces ? — **68.** En quoi consiste le Livre de caisse-hôtel ? Par quoi peut être remplacé ce livre ? Où en est versé le montant ? — **69.** Qu'est-ce que le Livre de débours ? — **70.** Qu'entend-on par Livre de caisse générale ? — **71.** Quel est le but du Livre de récapitulation des recettes et des dépenses ? D'après quel autre livre est-il établi ?

EXERCICES

I. — Etablir le Livre de caisse générale du 1er au 7 mai inclus, d'après les données suivantes :

Recettes :

1er :	Mon apport commercial espèces		200.000 frs.
	Caisse-Hôtel du 1er : Encaissement	1.800	
	— 2 »	2.100	
	— 3 »	2.050	
	— 4 »	1.923	
	— 5 »	1.975	
	— 6 »	1.985	
	— 7 »	2.030	
7 :	dont il est versé dans la Caisse générale		12.000

Dépenses :

1er :	Achat bois et charbon	2.300 frs.
	Loyer pour un trimestre	12.000
2 :	Payé facture vins	2.750
3 :	Payé personnel	3.500
4 :	Prélevé pour dépenses personnelles	1.200
5 :	Facture Verdeil, épicerie	1.885
6 :	Livre de débours de la semaine (frais généraux)	213
7 :	Feuilles de marché du 1 au 7 inclus	4.915
7 :	Déposé au Crédit Commercial	100.000
7 :	Payé facture Cassin pour meubles	18.000

II. — Arrêter le Livre de caisse générale au 7 mai ; le réouvrir à la date du lendemain et inscrire dans la colonne *entrées* de caisse-hôtel le solde restant, s'il y a lieu.

III. — Etablir le Livre de caisse générale du 8 au 14 mai inclus d'après les données suivantes :

Recettes :

8 mai : m/chèque sur le Crédit Commercial . . . . . 30.000 frs.

MODÈLE
DE CAISSE CENTRALE
POUR DEUX HOTELS

CAISSE CENTRALE DE DEUX HOTELS

DATES		LIBELLÉS	Caisses hôtels étrangères	Montant total des encaissements	Caisse Hôtel de France: Prélèvements	Caisse Hôtel de France: Versements	Caisse Hôtel d'Angleterre: Prélèvements	Caisse Hôtel d'Angleterre: Versements	Encaissements des: Banque de France	Encaissements des: Crédit Lyonnais	Encaissements des: Petits capitaux	Encaissements des: Divers emprunt Bernard
19.. Janvier	1	M/ versements	100 000 »								100 000 »	
		Emprunt Bernard	50 000 »	150 000 »								50.000 »
			150 000 »	150.000 »							100.000 »	50.000 »
			150 000 »	150.000 »								
19.. Janvier	2	Solde à nouveau		25.000 »								
		Etat du 1 er p. France			150 85							
		» » » Angl^{re}					816 05					
		» 2 » France			915 30							
		» » » Angl^{re}					210 35					
		Prélèvements France	1 000 »			1.000 »						
		» Angleterre	1 000 »					1 000 »				
		Ch/ Cr. Lyonnais	18 000 »	20 000 »						18.000 »		
		Soldes	20.000 »	45.000 »	1 066 15	1 000 » 066 15	1 021 40	1 000 » 021 40		18 000 »		
			20 000 »	45 000 »	1 066 15	1 066 15	1.021 40	1 021 40				
19.. Janvier	3	Solde à nouveau		18.555 15	466 15		521 40					
		Enc. Hôtel France			1.150 »							
		» » Angleterre					1 815 30					
		Prélèvements France	1.000 »			1.000 »						
		» Angleterre	1.000 »					1.000 »				
		Ch/ Cassin s/ Cr. Lyon.	7.000 »									
		» Martin, élec. C. L.	1 200 »	10.200 »								
		Soldes	10.200 »	28.755 15	1.616 15	1.000 » 616 15	2 336 70	1 000 » 1.336 70				
			10 200 »	28.755 15	1 616 15	1.616 15	2 336 70	2.336 70				
		Soldes à nouveau		18.554 05	616 15		1.336 70					

DATES		LIBELLÉS	N° des pièces	Totaux	Paiements pour l'hôtel de France: Frais généraux	Cuisine	Cave	Paiements pour l'hôtel d'Angleterre: Frais généraux	Cuisine	Cave	Paiements pour: Mobilier hôtel de France	Mobilier hôtel d'Angleterre	Contentieux	Crédit Lyonnais	Banque de France	Divers	Livres etc.
19.. Janvier	2	V. B. France	1	50 000 »											50 000 »		
		V. C. Lyon.	2	75.000 »										75.000 »			
		Solde		125.000 » 25 000 »										75 000 »	50 000 »		
				150.000 »													
19.. Janvier	3	F/ Pte, quinc.	3	610 »	55 60			47 25			203 15	304 »					
		» Cassin, meub. H. F/A	4	18 000 »							11 300 »	6 700 »					
		Marché Angleterre	5	910 25		512 15			398 10								
		F/ Pommery, vin	6	112 30			112 30										
		» d° Angl.	7	112 30						112 30							
		» Nardoux, 1/2	8	6.500 »			3.000 »			3.500 »							
		Solde		26 244 85 18.555 15	55 60	512 15	3.112 30	47 25	398 10	3.612 30	11 503 15	7 004 »					
				45.000 »													
19..	5	Marabès	9	870 20		510 15			360 05								
		Gages chef Angleterre	10	300 »				300 »									
		Licence France	11	65 10	65 10												
		» Angleterre	12	810 20	405 »			405 20									
		F/ Verlot, imp.	13	65 10				65 10									
		» Cassin, meubl.	14	7.000 »	310 »			225 »			3.100 »	3 365 »					
		» Martin, élec.	15	1 200 »	50 »			70 »			575 »	505 »					
		Solde		10.311 10 18.454 05	830 10	510 15		1.065 30	360 05		3.675 »	3 870 »					
				28 765 15													

(MODÈLE 18

RÉCAPITULATION

RECETTES & DÉPENSES

RECETTES ET DÉPENSES

(Modèle 18)

Récapitulation établie en Janvier

	Dénomination des articles	Année 19..		Année 19..+1	Année 19..+2	Année 19..+3	Année 19..+4
RECETTES	Appartements	50.113	80				
	Lumière	12.014	80				
	Chauffage	8.161	50				
	Bains	6.330	»				
	Blanchissage	3.890	55				
	Omnibus, voitures	3.136	50				
	Cuisine	114.937	35				
	Cave	13.912	75				
	Divers	1.178	»				
	Total des Recettes	213 675	25				
	Recettes diverses	490	35				
	Recettes totales	214.165	60				
	Nombre de voyageurs	12.142					
	Moyenne des recettes par jour et par voyag.	17	63				
DÉPENSES	Personnel	12.516	75				
	Loyers	28.000	»				
	Impôts et taxes	2.890	75				
	Assurances	690	80				
	Lumière	3 141	35				
	Eaux	810	15				
	Chauffage	2.155	70				
	Blanchissage	3.145	90				
	Poste, télégrammes, téléphone	210	25				
	Publicité et journaux	3.415	70				
	Frais pour bureau, pap.	825	90				
	Voitures, omnibus	1.315	»				
	Entretien du mobilier	870	35				
	d° de l'immeuble	1.310	»				
	d° du jardin	780	»				
	Menus frais	420	30				
	Divers	115	35				
	Total des Frais généraux	62.614	25				
	Cuisine	79 417	95				
	Cave	8.915	70				
	Total des Dépenses	150 947	90				
	Dépenses diverses	321	15				
	Dépenses totales	151.269	05				
	Nombre de voyageurs	12.142					
	Nombre d'employés	145					
RÉSULTATS	Moyenne des recettes p/ j/ p/ voy.	17	63				
	d° des dépenses d°	12	31				
	Bénéf. par voyageur par jour	5	32				
	Recettes	214 165	60				
	Dépenses	151.269	05				
	Bénéfice exercice	62.89[illegible]	5[illegible]				

Caisse-Hôtel du 8 : Encaissement	2.015		
— 9 : »	1.975		
— 10 : »	2.025		
— 11 : »	2.075		
— 12 : »	2.125		
— 13 : »	2.210		
— 14 : »	2.150		
14 mai : dont il est versé dans la Caisse générale		14.000	
Dépenses :			
8 : Payé facture Vermeil argenterie		19.000	frs.
8 : Payé note papetier		2.150	
9 : Payé avocat conseil		1.500	
10 : Payé publicité d'ouverture		3.500	
11 : Facture Potin, épicerie		7.420	
11 : Payé note menuisier		2 720	
12 : Payé note tapissier		7.410	
13 : Payé 2e acompte Cassin pour mobilier		10.000	
14 : Feuilles de marché du 8 au 14 inclus		5.530	
14 : Livre de débours de la semaine (frais généraux)		317	

IV. — Arrêter le Livre de Caisse générale au 14 mai ; le rouvrir à la date du lendemain en inscrivant dans la colonne *entrées* de caisse-hôtel le solde restant, s'il y a lieu.

CHAPITRE XIV
FRAIS GÉNÉRAUX

SOMMAIRE : Livre de frais généraux. — Frais accessoires.

73. **Livre de frais généraux.** — Les *frais généraux,* c'est-à-dire les dépenses prévues, à peu près régulières et périodiques, nécessaires pour assurer la bonne marche de l'hôtel, sont inscrits sur un livre spécial, par totaux mensuels, décomposés sous les rubriques suivantes, d'après le Livre de Caisse générale ou le Livre des Fournisseurs :

Personnel;

Loyer, Impôts et Taxes, Assurances ;

Lumière, Gaz, Eau ;
Chauffage, Blanchissage ;
Frais de poste, Télégrammes, Téléphone ;
Publicité, Frais de Bureau ;
Omnibus, Voitures ;
Entretien Mobilier, Immeuble, Jardin (en remplacement d'amortissements), etc...

Le chapitre des frais généraux est très important dans une maison de commerce, il l'est plus encore à l'hôtel où ces frais sont très élevés.

Chaque rubrique doit être suivie attentivement par l'hôtelier. Des dépenses excessives de frais généraux ont souvent compromis la prospérité d'une maison : le gaspillage, le coulage peuvent majorer sensiblement les dépenses (électricité, papier à lettres, etc...). Ici, aussi, l'examen des chiffres permet à l'hôtelier de se rendre un compte exact de ce qui se passe chez lui.

(*Voir modèle* **19**).

Le souci de frais généraux est si important que nombre de bons directeurs d'hôtel vont eux-mêmes, tous les jours, relever les chiffres de consommation des compteurs du gaz et de l'électricité. Chaque mois, ou même chaque jour, suivant les hôtels, le pourcentage des frais généraux est calculé en établissant le rapport entre le chiffre mensuel ou journalier de ces frais et le chiffre correspondant des recettes provenant des voyageurs.

D'ailleurs, ce livre de Frais généraux est souvent dressé d'après d'autres livres auxiliaires, détaillés par dépenses quotidiennes, tels que :

Le Livre de consommation du gaz ;
— — de l'électricité ;
— dépenses de publicité ;
— provisions de papeterie ;
— paiement du personnel, etc, etc...

(*Voir modèle* **20**).

(Modèle 19)

LIVRE DE FRAIS GÉNÉRAUX

FRAIS GÉNÉRAUX JANVIER 19..

Dates		Libellés	Montant	Personnel	Loyers	Taxes et impôts	Assurances	Journaux et réclames	Lumière	Chauffage	Eaux	Blanchissage	Frais de bureau et papeterie	Frais de poste télégrammes téléphone	Entretien des jardins	Entretien du mobilier	Entretien de l'immeuble	Frais divers	Omnibus et voitures
Janv.	2	Frais vente	750 85										750 85						
»	»	Facture Béri et Cie	1.915 30							1.915 30									
»	3	Licence premier trimestre	220 35			220 35													
»	»	Traitement du Directeur	600 »	600 »															
»	»	Publicité	1.203 »					1.203 »											
»	4	Réparations plomberie	1.355 »														1.355 »		
»	»	Abonnement téléphone	250 »											250 »					
»	»	Télégrammes	35 »											35 »					
»	»	Timbres	75 »											75 »					
»	»	Gages du chef de cuisine	450 »	450 »															
»	6	Facture Gassin. Cardage	235 »													235 »			
»	7	Ebéniste réparations	1.370 »													1.370 »			
»	»	Gages du maître-d'hôtel	250 »	250 »															
»	»	Gages de la lingère	170 »	170 »															
»	8	Facture jardinier	255 »												255 »				
»	»	Menus frais	75 80															75 »	
»	10	Lampes électriques	170 »						170 »										
»	11	Blanchissage	550 »									550 »							
»	»	Machine à écrire : réparation	97 »										97 »						
»	15	Timbres-poste	85 15											85 15					
»	»	Achat de cure-dents	40 »															40 »	
»	20	Publicité	800 »					800 »											
»	»	Cie Gaz et électricité	375 »						375 »										
»	»	Cie des eaux	250 »								250 »								
»	31	Impositions dues	1.485 »			1.485 »													
»	»	Assurances dues	680 »				680 »												
»	31	Loyer du mois	2.000 »		2.000 »														
			15.742 45	1.470 »	2.000 »	1.705 35	680 »	2.003 »	545 »	1.915 30	250 »	550 »	847 85	445 15	255 »	1.605 »	1.355 »	115 80	» »

Pourcentage de Frais généraux. — Le montant des *frais généraux* pour le mois étant de 15.742 fr. 45, soit le chiffre d'affaires de Janvier donné par le total de *Récapitulation de main courante* (colonne montant journalier) de 55.520 fr.; le pourcentage de *frais généraux* établi par l'hôtelier sera de $\frac{15.742 \text{ fr. } 45 \times 100}{55.520} = 28,35$ °/₀.

(Modèle 20)

LIVRES ANNEXES

DE

FRAIS GÉNÉRAUX

PUBLICITÉ

(Modèle 20)

DATE DE L'ORDRE	NOM DE L'AGENT	ADRESSE DE L'AGENT	NOM DU JOURNAL BROCHURE	DURÉE DE L'ANNONCE	DATES DES PAIEMENTS	MONTANT	MONTANTS DUS A CE JOUR	TEXTE DE L'ANNONCE	VISAS DE L'AGENT	OBSERVATIONS
5 Janv. 19..	Pfister	36, r. Sentier, Paris.	*Daily Mail*	du 1er Janvier au 31 Mars 19..	28 Févr. 19..	500 »	500 »	Hôtel de France Paris gd confort situé dans quartier sélect.		
8 Janv. 19..	Marchand	Rue Ferronnière, Paris	*Le Temps*	à l'année	par trimestres	1.200 »	1.700 »	do		
9 do	Audran	Place Phocéens, Paris.	*Le Figaro*	du 1er Janvier au 30 Juin 19..	31 Mars 300 30 Juin 300	600 »	2.300 »	do		
9 do	Feraut	12, r. Hôtl Postes, Nice.	*Revue Hôtre*	do	31 Mars 125 30 Juin 125	250 »	2.550 »	do		

PAPETERIE

(Modèle 20)

MARCHANDISES	EN STOCK d'après INVENTAIRE au 31 DÉCEMBRE	EN JANVIER 19..			EN FÉVRIER 19..			EN MARS 19..			EN AVRIL 19..		
		Entrées	Sorties	en stock	Entrées	Sorties	en stock	Entrées	Sorties	en stock	Entrées	Sorties	en stock
Main courante	6	6	2	10	—	2	8						
Caisse générale	6	6	2	10	—	—	10						
Notes clients, 1re commande . . .	200	2000											
Notes clients, 2e commande . . .		2000	600	3600	—	650	2950						

LIVRE DU PERSONNEL

(Modèle 20)

Nom et Prénoms : MARTIN, François.

Entrée le 3 Janvier 19... *Parti le* 15 Décembre 19...

Observations :

Emploi : Maître d'Hôtel.

Conditions : par mois.

Frcs : 120 »

DATES 19..		PAIEMENTS SUR REÇUS	NUMÉROS DES QUITTANCES	ACOMPTES PAYÉS		TOTAL DES PRÉLÈVEMENTS	
Mars	15	Gages payés en acomptes.	410	150	»		
Mai.	20	— —	815	200	»	350	»
Juillet.	31	— —	1010	300	»	650	»
Sept.	20	— —	1208	150	»	800	»
Nov.	30	— —	1390	150	»	950	»
Déc.	15	— —	1512	422	»	1372	»
				1372	»		

DATES 19..		SOMMES ACQUISES	MONTANTS MENSUELS		MONTANTS ACQUIS		MONTANTS DUS	
Déc.	15	Gages du 3 Janv. au 2 Févr.	120	»			120	»
		— 3 Févr. au 2 Mars.	120	»	240	»	240	»
		— 3 Mars au 2 Avril	120	»	360	»	210	»
		— 3 Avril au 2 Mai	120	»	480	»	330	»
		— 3 Mai au 2 Juin	120	»	000	»	250	»
		— 3 Juin au 2 Juillet	120	»	720	»	370	»
		— 3 Juill. au 2 Août	120	»	840	»	190	»
		— 3 Août au 2 Sept.	120	»	000	»	310	»
		— 3 Sept. au 2 Octob.	120	»	1080	»	280	»
		— 3 Oct. au 2 Nov.	120	»	1200	»	400	»
		— 3 Nov. au 2 Déc.	120	»	1320	»	370	»
		— 3 Déc. au 15 Déc.	52	»	1372	»	422	»
			1372	»				

Nos D'ORDRE	DATE D'ENTRÉE	NOMS ET PRÉNOMS		EMPLOIS	GAGES	DATES DE SORTIE	FOLIO du Compte courant
1							
2							
3							
4							
5							
6							
7							
8							
9							
10							
11							
12							
13							
14							
15							
16							
17							
18							
19							
20							
21							
22							
23							
24							
25							
26							

QUESTIONNAIRE

72. — Qu'entend-on par frais généraux ? Sont-ils plus importants à l'hôtel que dans toute autre maison de commerce ? Qu'entend-on par pourcentage de frais généraux ?

EXERCICE

I. — Etablissez le Livre de frais généraux pour une quinzaine en tenant compte des rubriques suivantes :

Frais de bureau, poste, télégraphe, téléphone ; éclairage ; chauffage ; service ; blanchissage ; entretien du mobilier ; prélèvements ; loyers ; impôts.

II. — Calculer le pourcentage journalier de frais généraux d'après les données suivantes :

15 janvier : Recettes. . 8.125 fr. Frais généraux. 2.550 fr.
31 — — . . 10.115 fr. — . 3.115 fr.

CHAPITRE XV

COMPTABILITÉ RELATIVE AUX ACHATS ET ECONOMAT (Dépenses)

SOMMAIRE : Commandes. — Livre des fournisseurs. — Réception des marchandises. — Feuilles d'entrées, de sorties. — Livre d'économat. — Livre de prix de revient de cuisine. — Livre des menus.

74. **Commandes.** — Les commandes de l'hôtellerie sont adressées aux fournisseurs sur un bulletin spécial ou *bon de commande* dont un double est conservé pour éviter toute contestation. C'est à l'aide de ce bon de commande que sont vérifiées les quantités et les qualités, au moment de la livraison. En cas de retard, il sert à rappeler la date de la commande au fournisseur. Dans certains hôtels, il existe même un livre de commandes récapitulatif.

75. **Livre des fournisseurs.** — Dès la réception d'une commande, il en est passé écriture, avec détails de l'opération, sur le *Livre des fournisseurs*.

Ce livre comprend dix colonnes portant les rubriques suivantes :

1° Date d'entrée ;
2° Nom et adresse du fournisseur ;
3° Nature des marchandises ;
4° Numéro d'entrée de la facture ;
5° Compte à débiter ;
6° Montant des factures ;
7° Indications des paiements effectués comptant (espèces ou chèques).
8° Escomptes gagnés ;
9° Solde à payer ;
10° Indication du mode de paiement convenu pour ce solde.

Ainsi l'hôtelier a sous les yeux, en un tableau très clair, sa situation exacte vis-à-vis de ses fournisseurs.

Il peut se dispenser d'ouvrir un compte personnel à chacun d'eux sur le *Grand Livre auxiliaire des comptes courants.*

(*Voir modèle* **21**).

76. **Réception des marchandises.** — A leur arrivée à l'économat, soit en présence du livreur, soit en présence de l'employé de la gare, il doit être procédé à un examen minutieux des marchandises, examen portant sur le nombre, le poids, la qualité.

Toute facture vérifiée par l'économe doit être signée par lui, numérotée et classée dans un biblorhapte spécial.

Ce n'est qu'après cette vérification que la comptabilité centrale passe écriture de l'achat.

Les marchandises reçues sont inscrites, chaque jour, par ordre de livraison, sur une feuille spéciale dite *feuille des entrées.*

(*Voir modèle* **22**).

Il ne faut pas confondre la *feuille des entrées* avec la *feuille du marché* ou note des achats journaliers de marchan-

(Modèle 21)

LIVRE DES FOURNISSEURS

(Modèle 21)

LIVRE DES FOURNISSEURS

Mars 19..

DATES		FOURNISSEURS	ADRESSES	NATURE DES MARCHANDISES	Nos FACTURES	COMPTES À DÉBITER	MONTANT DES FACTURES		PAYEMENT ESPÈCES OU CHÈQUES		ESCOMPTES À MON PROFIT À PASSER À ANNOTATIONS		RESTE À PAYER		EN	OBSERVATIONS
Mars.	3	LUNEL,	8, rue de la Terrasse .	Fruits en conserves	71	Cuisine .	875	»	—		—		875	»	traite	
Mars.	4	POTIN,	3, rue Hôtel-des-Postes .	Épicerie.	72	Cuisine .	655	»	655	»	—		—		--	
Mars.	5	CASSIN,	5, rue du Palais . . .	Ameublement.	73	Mobilier .	3.550	»	1.443	50	106	50	2.000	»	traite	

(Modèle 22)

ENTRÉES du 15 Février 19.. ECONOMAT *ENTRÉES du 15 Février 19..*

DÉSIGNATION DES FOURNISSEURS ET DES ARTICLES LIVRÉS		QUANTITÉS	PRIX DE L'UNITÉ		TOTAUX PARTIELS		MONTANT DES FACTURES		LIVRAISON IMMÉDIATE A LA CUISINE	LIVRAISON IMMÉDIATE AUX DIVERS SERVICES — NETTOYAGE	LIVRAISON IMMÉDIATE AUX DIVERS SERVICES — BUREAUX	MARCHANDISES RESTANT EN MAGASIN
MILAND												
	Haricots	50 k.	3	»	150	»			20 k.			30 k.
	Riz du Piémont	100 k.	2	50	250	»	400	»				100 k.
CALVET												
	Saucissons d'Arles	25 k.	12	»	1.500	»						125 k.
	Jambon d'York	12 k.	20	»	600	»	2.100	»	2 k.			10 k.
ALBERTIN												
	Pâtes alimentaires	300 k.	1	35	405	»			75 k.			225 k.
	Fécule de riz	50 k.	2	50	125	»	530	»				50 k.
BERNARD												
	Brosses chiendent	25	2	50	62	50				5		20
	Cire	20 k.	5	»	100	»	162	50		5		15 k.
ROUX												
	Registres de main courante	10	50	»	500	»					2	8
	Feuilles correspondance	1.000	60	»	60	»					500	500
	Enveloppes	1.000	55	»	55	»	615	»			500	500
	Feuille de marché du jour						618	50				

dises destinées à être consommées immédiatement, telles que : boucherie, volaille, légumes frais, fruits, œufs, etc...

(*Voir modèle* **23**).

En général, le montant global de la feuille du marché est inscrit, chaque jour, sur la feuille des entrées.

Les marchandises portées sur la feuille des entrées et non consommées dans la journée, dites *marchandises en timbre,* sont conservées en glacière. Le relevé en est présenté à la direction de l'hôtel, chaque soir, par l'économe ou par le chef de cuisine, en même temps que les propositions de marché pour le lendemain.

(*Voir modèle* **24**).

77. **Sortie des marchandises.** — Au moment où les marchandises sont livrées aux différents services, toujours sur présentation d'un bon, signé par le chef de service, l'économe les inscrit sur *la feuille des sorties*. Pour toute marchandise avariée, l'économe dresse un bon spécial de sorties qui doit être visé par la direction.

(*Voir modèle* **25**).

78. **Livre d'économat.** — Le livre d'économat résume les feuilles d'entrées et de sorties des marchandises ; il est établi au moyen des renseignements qu'elles renferment. Son but est de contrôler la manutention des marchandises et de faciliter la détermination du stock hebdomadaire ou mensuel qui doit être rigoureusement exact.

Ce livre est compris de manière quelque peu différente suivant les hôtels.

(*Voir modèles* **26** *et* **27**).

Le modèle 27 est le plus pratique. Ce registre est tenu sur deux pages en regard. Un folio est consacré à une catégorie de marchandises et une ligne, dans ledit folio, est affectée à chaque nouvelle entrée.

(Modèle 23)

FEUILLE DE MARCHÉ

DU 1er JANVIER 19..

	fr.	c.
Boucherie :		
15 kilogrs. filet bœuf.	225	»
50 côtelettes mouton.	75	»
Volailles :		
10 kilogrs. dinde.	200	»
10 kilogrs. poulet	160	»
. . . .	—	
Poissons :		
12 kilogrs. soles.	240	»
. . . .	—	
. . . .	—	
Charcuterie :		
4 kilogrs. petit salé	64	»
. . . .	—	
. . . .	—	
Beurre :		
5 kilogrs. table	80	»
3 kilogrs. cuisine.	45	»
A reporter	1.089	»

	fr.	c.
Report.	1.089	»
Fromage :		
10 camemberts	35	»
Lait :		
40 litres	40	»
Œufs :		
10 douzaines.	40	»
Légumes :		
20 kilogrs. petits pois	120	»
6 kilogrs. carottes.	12	»
40 salades	10	»
Fruits :		
5 kilogrs. pommes	25	»
6 kilogrs. poires	24	»
Boulangerie :		
20 kilogrs. pain.	15	»
60 croissants	12	»
Divers :		
Total a ce jour.	1.422	»

(Modèle 24)

RELEVÉ DU TIMBRE, PROPOSITIONS DE MARCHÉ

Le 1er Janvier 19..	*Le 2 Janvier 19..*
MARCHANDISES EN TIMBRE LE SOIR	MARCHANDISES A ACHETER :
Boucherie :	*Boucherie :*
.... 2 kilogrs. filet bœuf.	... 10 kilogrs. aloyau.
.... 12 côtelettes mouton.	... 60 côtelettes mouton.
....	....
Volailles :	*Volailles :*
.... 6 poulets.	.... 12 kilogrs. poulets.
...	...
....	...
Poissons :	*Poissons :*
Néant.	... 18 kilogrs. soles.
....	....
....	...
Charcuterie :	*Charcuterie :*
.... 1/2 jambon.	.... 2 kilogrs. petit salé.
.... 1 kilogr. lard.	....
Légumes :	*Légumes :* 25 kilogrs. petits pois.
Néant.	.... 4 kilogrs. oignons.
....	4 id. carottes.
..	... 36 salades.
Divers :	*Divers :*
	8 kilogrs. beurre
	.... 10 camemberts.
Nombre de voyageurs : 72	*Observations :* Les petits pois doivent
» *d'employés :* 22	être livrés entre 7 et 8 h. du matin.

SORTIES du 15 Février 19..

ÉCONOMAT

(Modèle 25)

SORTIES du 15 Février 19..

Désignation de la partie prenante et des marchandises délivrées		Quantités	Prix de l'unité	Total	Applications aux divers services						
					Restaurant	Bar	Cave	Cuisine	Caféterie	Personnel	
Cuisine											
	Haricots Soissons. . . .	10 k.	3 »	30 »							
	Saucissons d'Arles . . .	10 k.	12 »	120 »							
	Pommes de terre	50 k.	0 25	12 50							
	Pâtes alimentaires . . .	20 k.	1 35	27 »				189 50			
	Œufs frais	10 dz.	3 50	350 »				350 »			
Caféterie											
	Chocolat ordinaire . . .	20 k.	10 »	200 »							
	Café de la Martinique . .	20 k.	6 »	120 »							
	Thé de Ceylan.	2 k.	25 »	50 »							
	Lait.	100 l.	1 »	100 »					470 »		

LIVRE D'ÉCONOMAT

(Modèle 26)

Premier Modèle

ENTRÉES — LÉGUMES SECS

DATES	FOURNISSEURS	DÉNOMINATION	QUANTITÉ	PRIX D'ACHAT		MONTANT DE LA FACTURE		FRAIS A L'ACHAT		ESCOMPTE A RETRANCHER		PRIX DE REVIENT NET UNITÉ	
Janvier 6	MILAND Jules	Haricots . .	50 k.	3	»	150	»					3	»
		Pois chiches	10 k.	1	65	16	50	0	35			2	»
		Pois cassés	25 k.	3	50	87	50					3	50
		Lentilles . .	70 k.	2	»	140	»			0	10	1	90
		Riz . . .	50 k.	2	»	125	»					2	50

LÉGUMES SECS — *SORTIES*

DATES		APPLICATION A Cuisine	Cafèterie	Personnel	Annexe	VALEUR		EXISTANT HEBDOMADAIRE OU MENSUEL	OBSERVATIONS
Janvier	7	10 k.				30	»	40 k.	
—	7	10 k.				20	»	»	
—	»								
—	»								
—	7	10 k.		10 k.		50	»	30 k.	

LIVRE D'ECONOMAT

Deuxième Modèle

ENTRÉES de Janvier 19.. — *SORTIES de Janvier 19..* — LÉGUMES SECS

DATES	DÉSIGNATION DES MARCHANDISES	QUANTITÉS Poids	QUANTITÉS Nombre	PRIX achat	PRIX revient	1	2	3	4	5	6	7	8	9	10	11	12	13	14	15	16	17	18	19	20	21	22	23	24	25	26	27	28	29	30	31	TOTAL sorties	STOCK en économat	VALEUR stock
Janv. 1er	Riz Caroline F. Vernet.	500 k.		2 f. 20	2 f. 30					20			25					15				20				25						15			20		140 k.	360 k.	828 f.
» 1	Riz carry id. .	500 k.		2 f.	2 f. 10				20							25				25				25				20			20			25			160 k.	340 k.	714 f.
» 1	Stock lentilles . . .	220 k.		1 f. 75			30				30				20				30				30				20			30			30				220 k.	—	—
	Lentilles F. Potin . .	250 k.		2 f.																																		250 k.	500 f.
» 1	Stock haricots Soissons	150 k.		2 f.	2 f. 10	20		20				15					15				20				15											15	120 k.	—	—
	Haricots F. Potin . .	250 k.		2 f. 20	2 f. 25																							25				25					50 k.	200 k.	450 f.

NOTA. — Dans la pratique les nombres soulignés dans ce modèle sont inscrits en rouge.

Le côté *entrées* occupe la première moitié de la page de gauche et comprend quatre colonnes :

1 colonne : date de réception des marchandises ;
1 colonne : noms des fournisseurs ;
1 colonne : quantités reçues ;
1 colonne : prix de revient par unité (prix d'achat diminué de l'escompte et augmenté des frais).

Le côté *sorties* occupe la seconde moitié de la page de gauche et toute la page de droite. Il comprend trente-trois colonnes :

a) trente-et-une colonnes, chacune correspondant à un jour du mois ;
b) 1 colonne : total des sorties ;
1 colonne : situation mensuelle ou stock en économat ;
1 colonne : valeur du stock.

Les quantités sorties y sont inscrites, aux dates de sortie, en noir, lorsqu'il s'agit de marchandises consommées par les voyageurs ; en rouge, s'il s'agit de marchandises consommées par le personnel. Ces quantités sont totalisées dans la colonne *récapitulation des sorties*. Le total obtenu, retranché du montant des entrées, donne la *situation mensuelle* ou *stock*.

Ce stock constitue la première entrée du livre d'économat pour le mois suivant.

Il est évident que le stock *intra-comptable* qui résulte du livre d'économat, pour chaque catégorie de marchandises, et le stock réel ou *extra-comptable* doivent concorder s'il n'y a pas de coulage.

79. **Livre de revient de cuisine.** — Ce livre comprend une colonne : *dénomination des marchandises,* décomposée en : *cuisine*, *caféterie*, *personnel ;*

puis trente-et-une colonnes, chacune d'elles consacrée à un jour du mois, dans lesquelles, en regard de chaque catégorie de marchandises, sont inscrites les sommes dépensées.

Le total journalier de dépenses de cuisine divisé par le nombre de repas (lunchs et dîners servis aux clients ce jour-là), donne le prix de revient moyen par repas.

Le total quotidien de la caféterie divisé par le nombre de petits déjeûners et thés servis ce jour-là, donne le prix moyen d'un petit déjeuner ou d'un thé.

Le total, par jour, de cuisine et caféterie du personnel, divisé par le nombre d'employés, donne le prix de revient moyen de la nourriture d'un employé ce jour-là.

Le total général par jour ou par mois est porté au doit du compte *exploitation*, comme coût de cuisine.

(*Voir modèle* **28**).

Cette comptabilité est un guide précieux pour l'hôtelier qui sait, après expérience, quels sont les menus à recommander ou à faire revenir le plus fréquemment, les plats qu'il convient de faire entrer dans la confection d'un menu au point de vue d'une économie bien comprise.

En cas de changement de chef, le livre de prix de revient de cuisine permet de reconnaître aussitôt s'il y a abus, gaspillage, ou manque de savoir-faire ou bien, au contraire, si les expériences des premiers jours permettent d'espérer une sage direction à la cuisine.

80. **Livre des menus.** — Le livre de prix de revient de cuisine est quelquefois remplacé, et quelquefois simplement complété, par le livre des menus.

Dans ce livre, à chaque semaine correspond une page et est divisée en huit colonnes.

Une colonne : désignation des repas (lunch, dîner);

sept colonnes, correspondant aux sept jours de la semaine.

Le menu du lunch et le menu du dîner sont inscrits dans la colonne du jour.

Dans les hôtels où il n'existe pas de livre de prix de revient de cuisine, on relève, chaque jour, sur le livre des menus, le nombre de lunchs et de dîners servis aux voyageurs et au personnel et, d'après la feuille de sorties du jour, on établit le prix de revient par repas. Ce prix de revient est noté au bas du menu dans la colonne du jour.

(*Voir modèle* **29**).

QUESTIONNAIRE

73. Pourquoi l'hôtelier conserve-t-il un double des commandes qu'il fait ? — **74.** Quel est le but du Livre des fournisseurs ? — **75.** Quelles sont les mesures prises à l'entrée des marchandises ? — **76.** Quelles sont les mesures prises à leur sortie ? — **77.** Quelles sont les dispositions du Livre d'Economat ? Comment facilite-t-il la vérification du stock existant à l'économat en fin de mois ou d'exercice ? — **78.** Comment s'établit le Livre de prix de revient de cuisine ? Quelle est son utilité ? Comment contribue-t-il à l'établissement du compte « exploitation » ? — **79.** Dites ce que vous savez sur le Livre des menus.

(Modèle 28)

LIVRE
DE PRIX DE REVIENT DE CUISINE
(UNE PAGE PAR MOIS)

(Modèle 28)

LIVRE DE PRIX DE REVIENT DE CUISINE DE JANVIER 19..

	DÉNOMINATIONS	1		2	3	4	5 au 30	31	Totaux Généraux		Cout de Cuisine à virer au doit d'exploitation	
DÉPENSES DE CUISINE	Viande	96	50									
	Volaille	82	50									
	Charcuterie	26	50									
	Poisson	48	50									
	Fromage	16	25									
	Beurre	19										
	Œufs	19	75									
	Lait	6	50									
	Pain	22	50									
	Pâtes	10										
	Légumes frais	20	50									
	» secs	—										
	Fruits frais	27	50									
	» conserve	20										
	Sucre	—										
	Farine	1	50									
	Huile	12										
	Vinaigre	2										
	Sel	1										
	Charbon	25										
	Cave	7										
	Glace	2	50									
	Blanchissage	10										
	Pâtisserie	10										
	Total Cuisine	477	00						12.130	20		
CAFÉTERIE	Café	16										
	Thé	7										
	Chocolat	8										
	Chicorée	2										
	Glace	—										
	Pain	10										
	Beurre	29										
	Lait	18										
	Sucre	6	30									
	Blanchissage	10										
	Total Caféterie	106	30						3.125	00		
PERSONNEL	Viande	48	10									
	Légumes ou fruits	33	60									
	Pain	15										
	Vin	28										
	Café	8										
	Sucre	3	30									
	Lait	6	50									
	Total Personnel	142	50						4.020	00		
	Cuisine	477	»						12.130	20		
	Caféterie	106	30						3.125	00		
	Personnel	142	50						4.020	00		
		725	80						19.275	20	19.275	20
	Nombre clients	50										
	Moyenne journal[le] p[r] cuisine	9	54									
	Nombre cons/ caféterie	70										
	Moyenne caféterie	1	52									
	Nombre d'employés	30										
	Moyenne personnel	4	75									

(Modèle 29)

LIVRE DES MENUS

(Modèle 29)

LIVRE DES MENUS

(Semaine du 1er au 8 Avril 19..)

DÉSIGNATION DES PLATS	MENU DU DIMANCHE	MENU DU LUNDI	MENU DU MARDI	MENU DU MERCREDI	MENU DU JEUDI	MENU DU VENDREDI	MENU DU SAMEDI
Lunch							
Premier	Hors d'Œuvre. Irish Stew.	Œufs brouillés à la Serbe.					
Grillade	Contre-filet rôti.	Noisette de veau.					
Légumes	Haricots verts.	Cœur de laitues.					
Fromage	Gruyère.	Camembert.					
Fruits	Oranges.	Fruits rafraichis.					
Diner							
Potage	Consommé Madrilène chaud	Potage Bagratin.					
Poissons	Darne de saumon pochée. sauce mousseuse.	Ombre Chevalier Meunière. au beurre fondu.					
Rôtis	Côte de veau rôtie.	Longe de veau Archiduc.					
Légumes	Artichauts Niçoise.	Asperges d'Argenteuil.					
Fruits	Fruits secs.	Compote de poires.					
Lunch personnel							
Entrée	Macaroni au fromage.	Potage Julienne.					
Rôtis	Épaule de mouton farcie.	Ragoût d'agneau.					
Légumes . . .	Épinards au jus.	Artichauts pochés sce huile.					
Diner personnel							
Potage	Rizotto Milanaise.	Potage poireaux pom.					
Rôtis	Foie de veau.	Carcasse de v. Beaulieu.					
Légumes	Laitues étuvées.	Épinards crème.					
Nombre de Lunchs . . .	75, prix de revient 4 fr.						
— de Diners . .	80, — 4 fr. 25						
Prix moyen	4 fr. 125						
Nombre de repas servis au Personnel . . .	50, prix de revient 2 fr. 50						

CHAPITRE XVI

SERVICE DE CAVE

SOMMAIRE : Feuille de cave. — Livre d'inventaire permanent de cave. — Livre du prix de revient de cave. — Livre de rendement des commandes.

81. **Feuille de Cave.** — Le caviste a, pour la *cave du jour*, c'est-à-dire pour la consommation probable d'une journée, une feuille de sorties portant, imprimés et classés, les noms des différents crûs. En face des noms, il n'y a qu'à inscrire le nombre de bouteilles et de demi-bouteilles consommées dans la journée. Assez souvent, au lieu d'un libellé plus ou moins long, désignant les noms et les particularités des vins, la feuille de cave porte seulement des numéros de référence correspondant aux numéros des casiers dans lesquels les vins sont effectivement rangés. Les sorties de bouteilles ou demi-bouteilles s'inscrivent en face du numéro qui convient. Ce système, plus simple que le précédent, présente cependant des inconvénients : il se prête plus aisément aux erreurs.

(*Voir modèles* **30** *et* **30** *bis*).

82. **Livre d'inventaire permanent de cave.** — A la cave, une feuille est affectée à chaque catégorie de vin. Disposée sous forme de tableau, elle permet d'établir non seulement l'inventaire en fin d'année, mais encore l'inventaire permanent.

Du côté gauche, une première colonne est consacrée au stock de l'année précédente et aux achats de l'année en cours ; les prix y sont indiqués ; viennent ensuite douze colonnes, ayant chacune trente-et-une lignes, où s'inscrivent les sorties par jour ; le total par mois est porté au bas ; dans une dernière colonne « Récapitulation » sont reportés les totaux de chaque mois. Cette dernière colonne permet de faire le total

(Modèle 30)

FEUILLE JOURNALIÈRE DE CAVE

1er Décembre 19..

Nos Casiers	DÉSIGNATION DES VINS	DEMIS	BOUTles	OBSERVATIONS
1	Rouge ordinaire	10	7	
2	Bellet rouge	12	2	
3	Médoc	8	9	1 bouteille cassée.
4	Médoc supérieur	11	4	
5	St-Julien	16	20	
6	St-Emilion	15	15	
7	St Estèphe	13	22	1/2 bouteille cassée.
8	Margaux	9	21	
9	Fronsac	4	6	
10	Camp Romain	2	1	
11	Blanc ordinaire	12	11	
12	Bellet blanc	5	6	
13	Graves	19	30	2 bouteilles cassées.
14	Graves supérieur	4	7	
15	Sauternes	3	3	
16	Barsac	6	2	
17	Camp Romain	2	1	
18	E. Cliquot (doux, carte rouge)	3	4	
19	Moët et Chandon (White Star)	2	1	1/2 bouteille cassée.
20	Montebello (brut 1914) . . .	4	5	
21	Vichy	10	2	
22	Vals	11	7	
23	Evian	9	15	
24	Divers (eaux minérales) . . .	7	3	

FEUILLE DE CAVE

(Modèle 30 *bis*)

du 3 MARS 19..

Numéros des Casiers	Désignation des vins	Restaurant		Étages		Personnel		Cuisine		Divers	
		1/1	1/2	1/1	1/2	1/1	1/2	1/1	1/2	1/1	1/2
12	Médoc ordinaire	21	17		3						
14	Médoc supérieur	15	12		2						
17	Sauterne	14	5		1			1			
18	Chablis	10	12		4			2			
24	Nuits	5									
28	Côtes rôties	8									
40	Moët et Chandon	10	6		2						

Nota. — Les numéros des casiers sont imprimés à l'avance ou inscrits chaque jour par le caviste.

général représentant la consommation de l'année, consommation à laquelle il convient d'ajouter, pour éviter tout mécompte, les casses constatées.

En clôture d'exercice, il ne reste plus qu'à retrancher ce chiffre final du total des entrées pour avoir le stock en cave.

(*Voir modèle* **31**).

83. **Livre de récapitulation des sorties de cave au prix de revient.** — Ce livre complète le précédent, d'après lequel il est établi mois par mois.

Une première colonne verticale est consacrée à la :

Désignation des vins et liqueurs (une ligne pour les bouteilles ; une pour les demies).

D'autres colonnes, une pour chacun des mois d'exploitation, servent à relever la consommation, en décomposant comme suit cette opération :

Nombre de bouteilles,
Nombre de demies,
Prix de l'unité,
Valeur totale des sorties.

A la fin de chaque mois, seule la colonne « valeur totale sorties » est totalisée.

Il suffit, au moment de l'inventaire, d'additionner les totaux mensuels pour obtenir le total annuel ou prix de revient de Cave.

Ce prix de revient est ensuite porté au doit du compte *exploitation*.

(*Voir modèle* **32**).

84. **Livre de rendement des commandes de vins.** — Lorsque des fûts commandés, livrés par un fournisseur, entrent en cave, ils sont remisés par le caviste. Ultérieurement se fait la mise en bouteilles. Aussitôt après cette opération, le comptable établit le rendement (en bouteilles et demies) par fût et

(MODÈLE 31)

LIVRE
D'INVENTAIRE PERMANENT DE CAVE

LIVRE D'INVENTAIRE PERMANENT DE CAVE (*un folio par nature de vin*) (Modèle 31)

Médoc Supérieur

1 1

ENTRÉES						Jours du mois	SORTIES																								SORTIES
19..		Bouteilles		Prix de l'unité	Fournisseurs		Septemb.		Octobre		Novemb.		Décemb.		Janvier		Février		Mars		Avril		Mai		Juin		Juillet		Aout	
Mois	Jours	1/1	1/2				1/1	1/2	1/1	1/2	1/1	1/2	1/1	1/2	1/1	1/2	1/1	1/2	1/1	1/2	1/1	1/2	1/1	1/2	1/1	1/2	1/1	1/2	1/1	1/2
Nov.	1er	1 500	1.300	2 50 1 50	Stock..	1					5	10																		
						2					10	5																		
						3					11	13																		
Déc.	1er	500	300	2 50 1 50	Roger..	4					12	14																		
						5					13	10																		
						6					14	8																		
Janv.	15	300	250	2 50 1 50	id.	7					13	9																		
						8					15	10																		
						9					16	12																		
Févr.	1er	700	300	2 75 1 75	id.	10					10	15																		
						11					13	11																		
						12					14	10																		
						13					12	9																		
						14					14	13																		
						15					12	15																		
						16					11	12																		
						17					15	9																		
						18					10	14																		
						19					8	13																		
						20					15	10																		
						21					14	13																		
						22					12	10																		
						23					15	9																		
						24					14	13																		
						25					13	11																		
						26					14	10																		
						27					14	9																		
						28					17	14																		
						29					21	11																		
						30					19	14																		
						31					16	14																		
Total entrées.		3.000	2.150		Totaux des Sorties						412	350	400	250	500	260	510	250	200	120										

RÉCAPITULATION 19..		
Bouteilles	1/1	1/2
Septembre .		
Octobre. .		
Novembre .	412	350
Décembre .	400	250
Janvier . .	500	260
Février . .	510	250
Mars . .	200	120
Avril . .		
Mai . . .		
Juin . .		
Juillet .		
Août . .		
Casse . .	10	3
Total des Sorties	2.032	1.223
Total des Entrées	3.000	2.150
Reste en cave au 31 mars.	968	917
Nota : Répertoire par nature de vins en fin de Livre.		

(Modèle 32)

RÉCAPITULATION

DES

SORTIES DE CAVE AU PRIX DE REVIENT

(Modèle 32)

JANVIER 19.. RECAPITULATION DES SORTIES DE CAVE AU PRIX DE REVIENT *JANVIER 19..*

INDICATION DES VINS		JANVIER					FÉVRIER	MARS	AVRIL	MAI	DÉCEMBRE	OBSERVATIONS
Médoc	1/1	120	4	50	540	»						
	1/2	140	2	80	393	»						
St-Julien	1/1	131	6	»	786	»						
	1/2	139	3	25	455	»						
Beaune	1/1	146	6	50	916	50						* Dans les 146 Beaune sont compris 5 Beaune refusés par clients (vin piqué).
	1/2	120	4	»	480	»						
Bourgogne	1/1	175	6	»	1.050	»						
	1/2	115	3	30	379	50						
Graves	1/1	151	4	50	679	50						
Sauterne (même prix)	1/2	115	3	30	379	50						
Bellet, ordinaire . . .	1/1	165	6	75	1.113	75						
	1/2	150	3	50	525	»						
Grand Crémant . . .	3/4	100	8	»	800	»						
Champagne . . .	1/1	150	20	»	3.000	»						
(prix moyen)	1/2	120	12	»	1.440	»						
Bière	1/1	200	1	20	240	»						
Eaux minérales . . .	1/1	400	1	»	400	»						
(prix moyen)	1/2	150	0	50	75	»						
Liqueurs . . . . . . (prix moyen) suivant détail feuille caviste.	1/2	25	30	»	750	»						
TOTAL à porter chaque mois au Doit d'exploitation					14.401	75						

calcule le prix de revient, par unité-bouteille, et par unité-demi-bouteille, en tenant compte de tous les frais.

Toutes ces indications sont portées sur un livre spécial dit : *Livre de rendement des commandes de vins.*

Faut-il ajouter que la date d'arrivée de chaque fût et la date du soutirage doivent être également notées sur ce livre. Cette précaution a principalement pour objet de fournir à l'hôtelier une base au cas où il devrait, plus tard, faire des observations à son fournisseur.

(*Voir modèle* **33**).

La cave est une source de bénéfices importants à l'hôtel. Il est nécessaire, pour déterminer judicieusement le prix de vente, que l'hôtelier se base sur un prix de revient mathématiquement établi.

QUESTIONNAIRE

80. — Comment la feuille de cave doit-elle être comprise ? — **81.** Pourquoi le livre de contrôle de cave peut-il être appelé inventaire permanent de cave ? Comment est-il établi ? — **82.** Quelle est l'utilité du Livre de récapitulation des sorties de cave ? Contribue-t-il à l'établissement du compte « exploitation » ? — **83.** Qu'entend-on par rendement des commandes de vins ? Quelle est l'utilité du Livre de rendement ?

(Modèle 33)

LIVRE
DE
RENDEMENT DES COMMANDES DE VINS

COMMANDES DES VINS et rendement en bouteilles et demis

(Modèle 33)

Nos des Fûts	Fournisseurs et provenance	Nature du Vin	Quantités en litres	Montant des Fûts	Montant des Frais de port & droits d'entrée	Montant des Étiquettes et Capsules	Montant des Bouchons	Montant des Bouteilles	Montant des Main-d'œuvre	Montant du Prix de revient du Fût	En Bouteilles	En Demis	Prix de Revient en Bouteilles	Prix de Revient en Demis	Prix de Vente en Bouteilles	Prix de Vente en Demis	Date de l'arrivée du fût	Date du soutirage du fût
153	Rouen — Nîmes	ordinaire rouge	255	255 »	18 75	6 »	5 50	25 50	8 »	318 75	150 »	210 »	1 »	0 80	1 75	1 25	8bre 25	9bre 10

CHAPITRE XVII

SOMMAIRE : Livres d'ordre : Inventaire, Matériel, Mobilier, etc. — Feuilles de consignation du matériel. — Feuilles de distribution de lingerie.

85. **Livre d'inventaire du mobilier, matériel, outillage.** — La principale valeur de garantie, à l'hôtel, celle sur laquelle est basé et calculé le *warrant-hôtelier* (1), est constituée par le mobilier, le matériel, l'outillage.

Dès l'ouverture de la maison, un inventaire d'entrée doit être relevé très minutieusement sur un livre d'inventaire décomposé en divers registres :

Inventaire Salon ;
— Salle à manger ;
— Hall ;
— Chambre n° 1 ;
— etc.
— Chambre n° 250 ;
— Cuisine ;
— Caféterie ;
— Cave ;
— Jardin ;
— Argenterie ;
— Vaisselle, verrerie ;
— Lingerie ;
— Matériel divers.

(1) Institué par la loi du 8 août 1913, le *warrant hôtelier* permet à tout exploitant d'hôtel de contracter un emprunt sur le mobilier commercial, le matériel ou l'outillage servant à son exploitation, tout en conservant, dans les locaux de l'hôtel, la garde et l'usage de ces objets. Toutefois si l'exploitant n'est pas propriétaire de l'immeuble, il doit avoir payé les loyers échus, six mois de loyer en cours et six mois à échoir.

Les banques peuvent recevoir le *warrant-hôtelier* comme effet de commerce ; le *warrant-hôtelier*, en effet, est transmissible par voie d'endossement.

Pratiquement, le *warrant-hôtelier* n'est pas encore en usage.

Tous les noms des articles d'ameublement ou de matériel sont imprimés à l'avance dans une première colonne. Dix autres colonnes plus petites permettent d'inscrire dix inventaires successifs. Au haut de chacune est imprimé le millésime de l'année correspondant à chaque inventaire. Le comptable n'a qu'à indiquer le nombre d'articles de chaque espèce dans la colonne du millésime sans toucher aux nombres précédemment inscrits. Le Directeur voit ainsi d'un seul coup d'œil, à chaque fin de saison, quels sont les articles manquants, cassés, disparus ou mis de côté pour réparations, d'une part, et, d'autre part, les articles d'ameublement, argenterie ou autres, achetés en plus dans le courant de l'année et qui augmentent la valeur de son fonds social.

(*Voir modèle* ***34***).

86. **Feuilles de consignation du matériel.** — Le soin de tenir cette feuille est confié à un chef de service, au maître d'hôtel ou au chef d'étage par exemple.

(*Voir modèle* ***35***).

La feuille de consignation ou d'inventaire est dressée au début de la saison. Celle qui doit être remise au maître d'hôtel, par exemple, renferme une énumération de tout le matériel dont il a la charge : porcelaine, argenterie, coutellerie, etc...

Il doit la vérifier et, à son tour, établir mensuellement un nouvel inventaire sur cette même feuille. Chaque objet manquant doit être immédiatement signalé à la Direction par le maître d'hôtel lui-même. Dans le cas contraire, celui-ci devient responsable des objets disparus.

87. **Feuille de distribution de lingerie.** — Une feuille de distribution de lingerie est aussi établie quotidiennement par les soins de la maîtresse-lingère. Elle porte le relevé de tous les articles distribués par la lingerie aux divers services.

Chaque employé est responsable des articles qui lui ont été consignés.

(*Voir modèle* **36**).

QUESTIONNAIRE

84. — Parlez de l'inventaire du mobilier et du matériel à l'hôtel. — Comment le Livre d'inventaire du mobilier et du matériel est-il disposé pour permettre la comparaison des articles de mobilier et de matériel pendant un certain nombre d'années ? — **85.** Qu'entend-on par feuille de consignation du matériel ? Quelles sont les obligations de l'employé (maître d'hôtel, chef d'étage, etc...) à qui une feuille de consignation a été confiée ? — **86.** Que savez-vous de la feuille de distribution de lingerie ?

(Modèle 34)

LIVRE D'INVENTAIRE

DU MOBILIER

MATÉRIEL - OUTILLAGE - ARGENTERIE

INVENTAIRE DE LA CHAMBRE N° 56

DÉSIGNATION DE L'INVENTAIRE	19..	19.. +1	19.. +2	19.. +3	19.. +4	19.. +5	19.. +6	REMARQUES FOURN., ETC.
Lit	1							
. . . .								
. . . .								
. . . .								
Matelas laine . . .	1							
» crin . . .	1							
Oreillers	2							
Traversin	1							
Edredons	1							
Couvertures . . .	3							
. . . .								
. . . .								
Tables	2							
. . . .								
. . . .								
Tapis de table . . .	1							
Chaises	4							
Sofa	1							
Chaise longue . . .	1							
Fauteuils	1							
Armoires	1							
» à glace .	1							
Commodes . . .	1							
Lavabos	1							
Pendule	1							
Toilette	1							

(Modèle 34)

SUITE DE L'INVENTAIRE DE LA CHAMBRE N° 56

DÉSIGNATION DE L'INVENTAIRE	19..	19.. +1	19.. +2	19.. +3	19.. +4	19.. +5	19.. +6	REMARQUES FOURN., ETC.
Toile cirée								
Aiguières								
Boîtes à éponges . .	1							
» à savon	1							
» pr brosse à dents.	1							
Seaux avec couvercle .	1							
Carafe	1							
Verre à eau	1							
Bidets	1							
Chandeliers. . . .	2							
Lustres								
Porte-manteaux . .	1							
Agrafes								
Séchoir	1							
Chaises à malle. . .	1							
Poêle								
Garnitures de feu . .	1							
Tapis	1							
Portières	2							
Rideaux.	2							
Miroirs	1							
Consoles avec miroirs.	1							
Tableaux	2							
Tire-bottes	1							
Encriers	1							

INVENTAIRE DE LA SALLE A MANGER

DÉSIGNATION DE L'INVENTAIRE	19..	19.. +1	19.. +2	19.. +3	19.. +4	19.. +5	19.. +6	REMARQUES
Dressoirs	6							
Buffets	2							
Servantes	6							
Tables servantes .	8							
. . . .								
. . . .								
Tables repas . . .	30							
. . . .								
Tables service . . .	6							
. . . .								
Chaises	90							
Tabourets	50							
Glaces	6							
Tableaux	10							
. . . .								
. . . .								
. . . .								
Bibelots								
Vases à fleurs . .	30							
. . . .								
. . . .								

(Modèle 34)

SERVICES DE TABLE : Verres et Porcelaines

DÉSIGNATION DE L'INVENTAIRE	19..	19.. +1	19.. +2	19.. +3	19.. +4	19.. +5	19.. +6	REMARQUES
Plats.	120							
Saucières	60							
Plats pour la viande .	60							
Plats pour poissons .	60							
Assiettes soupe. . .	250							
d° . . .								
d° . . .								
Assiettes plates. . .	500							
d° . . .								
d° . . .								
Assiettes à dessert. .	500							
d° . .								
d° . .								

INVENTAIRE DU SALON

DÉSIGNATION DE L'INVENTAIRE	19..	19.. +1	19.. +2	19.. +3	19.. +4	19.. +5	19.. +6	REMARQUES
Fauteuils	24							
Chaises	24							
Canapés	6							
Coins	10							
Banquettes	10							
Tabourets . . .	50							
Poufs	12							
Tables à jeu	12							
» à thé	12							
Bureau	4							
Piano	1							
Glace	10							
Tableaux	10							
. . . .								
. . . .								
. . . .								
. . . .								
Bibelots								
Vases à fleurs . . .	12							
. . . . .								
. . . .								
Voiles fauteuils . . .	30							
Tapis	16							

(Modèle 34)

INVENTAIRE DE LA CAFETERIE

DÉSIGNATION DE L'INVENTAIRE	19..	19.. +1	19.. +2	19.. +3	19.. +4	19.. +5	19.. +6	REMARQUES
Soucoupe	200							
»								
»								
»								
Cafetière p^r 1 café. .	50							
» » . .								
» 2 . .	100							
» » . .								
» 3 . .	50							
» » . .								
Théière . . . . 1 .	50							
» . . . . 2 .	50							
» . . . . 3 .	50							
Pot à lait p^r 1 p. . .	50							
» 2 . .	50							
» 3 . .	50							
Chocolatière p^r 1 p. .	40							
» 2 . .	50							
» 3 . .	60							
Plats à œuf	150							
Sabliers	10							
Pot à crème . . 1 .	50							
» . . . 2 .	50							
» . . . 3	50							
Coquetiers	90							
Cuillère à œuf . . .	100							

INVENTAIRE DE LA CAFETERIE *(Suite)*

DÉSIGNATION DE L'INVENTAIRE	19..	19.. +1	19.. +2	19.. +3	19.. +4	19.. +5	19.. +6	REMARQUES
Petit crible pour thé . .	20							
Sucrier	150							
Assiette à sucre . .								
Pince à sucre . . .	150							
Fourneaux . . .	10							
Grande machine à café.	2							
Machine à café. Gaz .	2							
. . . .								
. . . . . .								
Tables	6							
Chaises	12							
Bassin pour lavage . .	4							
. . . .								
. . . . .								
Buffet	2							
Armoire pr porcelaine.	1							
» pr pain . .	1							
» pr œufs . .	1							
» pr lait, beurre	1							
Moulin à café . . .	6							
Boîte en fer bl. pr café.	10							
» en fer bl. pr thé.	10							
» en fer bl. pr cacao	10							
» en fer bl. pr sucre	10							
Balance	1							
Carafon	10							

(Modèle 34)

INVENTAIRE DE LA CAFETERIE *(Suite)*

DÉSIGNATION DE L'INVENTAIRE	19..	19.. +1	19.. +2	19.. +3	19.. +4	19.. +5	19.. +6	REMARQUES
Cuve.	5							
Tabl. grandes en argent								
» grandes, bois poli								
. . .								
Paniers pain argent	50							
» pain porcelaine	50							
. . .								
Assiette à café . .	150							
» beurre. . .	150							
Coupe 1re taille. . .	75							
» 2e taille . .	75							

INVENTAIRE DES REMISE, ÉCURIE, JARDIN, BUANDERIE, ETC. . .

DÉSIGNATION DE L'INVENTAIRE	19. .	19. . +1	19. . +2	19. . +3	19. . +4	19. . +5	19. . +6	REMARQUES
REMISE								
Voitures	2							
. . . .								
. . . .								
ÉCURIE								
Chevaux	4							
. . . .								
. . . .								
JARDIN								
Outillage complet . .	1							
Arrosoirs	6							
Manche arrosage . .	1							
BUANDERIE								
Lessiveuses	6							
Rinceuses	6							

(Modèle 35)

FEUILLE
DE
CONSIGNATION DU MATÉRIEL
CONFIÉ AU MAITRE D'HOTEL

FEUILLE DE CONSIGNATION DU MATÉRIEL CONFIÉ AU MAITRE D'HOTEL 19..

(Modèle 35)

Désignation du matériel consigné	En janvier	En février	En mars	En avril	En mai	En juin	En juillet	En aout	En septembre	En octobre	En novembre	En décembre
Argenterie :												
Couverts	120	150										
Demi-couverts . .	120	150										
Services poisson . .	100	144										
Petites cuillères . .	150	200										
Couteaux	120	150										
Couteaux à dessert .	120	150										
Visas de l'Employé .	*Jean*	*Jean*										

NOTA. — *Une feuille de consignation identique est dressée pour le matériel confié à chaque chef d'étage.*

FEUILLE DE DISTRIBUTION DE LINGERIE au 15 Décembre 19.

(Modèle 38)

Dénomination de la lingerie distribuée	Au service de la salle 1	2	3	4	5	6	Au service du [illegible] 1	2	3	4	5	6	7
Nappes	24						4						
Serviettes de table		72						92					
Serviettes carrées			18							18			
Serviettes à thé ou à plateaux				24					40		20		
Draps de fil													
Serviettes toilette													
Torchons					12							16	
Tabliers						14							6
Nappes (supplément salle)	8						2						
Serviettes id.		12						4					
Draps id.													
Serviettes [illegible]													
Totaux	[illegible]	110	18	24	12	14	6	88	40	16	20	16	6
Nombre clients ou personnel de service	82						72						

Dénomination de la lingerie distribuée	Au service des étages 1	2	3	4	5	Au service du bar 1	2	3	4
Nappes							16		
Serviettes de table									
Serviettes carrées									
Serviettes à thé ou à plateaux						12			
Draps de fil	120								
Serviettes toilette		140							
Torchons			24	16				4	
Tabliers					72				2
Nappes (supplément salle)									
Serviettes id.									
Draps id.	4								
Serviettes [illegible]		12							
Totaux	124	152	24	16	72	12	16	4	2
Nombre clients ou personnel de service	72					2			

Dénomination de la lingerie distribuée	Au service des [illegible] 1	2	3	4	Au service du [illegible] 1	2	3	4
Nappes	8							
Serviettes de table								
Serviettes carrées								
Serviettes à thé ou à plateaux		10						
Draps de fil								
Serviettes toilette					6			
Torchons			8			6	6	
Tabliers				7				2
Nappes (supplément salle)								
Serviettes id.								
Draps id.								
Serviettes [illegible]								
Totaux	8	10	8	7	6	6	6	2
Nombre clients ou personnel de service	16				6			

Dénomination de la lingerie distribuée	Au service de cuisine 1	2	3	4	Au service de la [illegible] 1	2	3	4	5
Nappes									
Serviettes de table									
Serviettes carrées	24				6				
Serviettes à thé ou à plateaux									
Draps de fil									
Serviettes toilette									
Torchons		36	16			6	6		
Tabliers				8					4
Nappes (supplément salle)									
Serviettes id.									
Draps id.									
Serviettes [illegible]									
Totaux	24	36	16	8	6	6	6		
Nombre clients ou personnel de service	12				4				

Dénomination de la lingerie distribuée	Service [illegible] 1	2	[illegible] 1	2	[illegible] 1	2	Économat 1	2	3	Salle à manger [illegible] 1	2	3
Nappes												
Serviettes de table												
Serviettes carrées												
Serviettes à thé ou à plateaux												
Draps de fil												
Serviettes toilette												
Torchons	12		30									
Tabliers		2		4								
Nappes (supplément salle)												
Serviettes id.												
Draps id.												
Serviettes [illegible]												
Totaux	12	2	30	4								
Nombre clients ou personnel de service	2		2									

Dénomination de la lingerie distribuée	Service de la [illegible] 1	2	3	4	5	6	7	8	9	Observations
Nappes										
Serviettes de table										
Serviettes carrées										
Serviettes à thé ou à plateaux										
Draps de fil										
Serviettes toilette										
Torchons										
Tabliers										
Nappes (supplément salle)										
Serviettes id.										
Draps id.										
Serviettes [illegible]										
Totaux										
Nombre clients ou personnel de service										

MONOGRAPHIE HOTELIÈRE

UN MOIS D'ÉCRITURES

BROUILLARD DES OPÉRATIONS A PASSER SUR LES **Livres auxiliaires** CI-APRÈS :

Livre des Fournisseurs.
— de Caisse générale.
— des Effets à payer.
— de Frais généraux.
— de Récapitulation de main courante.
— de Prix de Revient de cuisine.
— de Revient de cave.
— d'Annotations diverses.

LIVRES PRINCIPAUX

Journal.
Grand Livre.
Balances et inventaires.

MONOGRAPHIE HOTELIERE

BROUILLARD DES OPÉRATIONS

DE L'HÔTEL DES VAGUES BLEUES POUR JANVIER 19..

J. LEFÈVRE, PROPRIÉTAIRE

N°	Opérations		Montant	
1	**Janvier 1er**			
	Ouverture du Journal par l'écriture de m/apport commercial espèces.		300.000	»
2	*Dito 1*			
	Passer sur les livres auxiliaires les opérations suivantes :			
	Acheté timbres-poste.		225	»
3	*Dito 2*			
	Déposé en C/C/ au Crédit Commercial		50.000	»
4	*Dito 2*			
	Déposé en C/C/ à la Banque Nationale de Crédit		50.000	»
5	*Dito 2*			
	Acheté comp. registres et fournitures papeterie.		1.130	»
	Reçu 1re livraison charbon de la maison Béri		1 450	»
6	*Dito 2*			
	Caisse hôtel du jour.		2.082	30
7	*Dito 3*			
	Ach. à Cassin de c/v/ mobilier chambres suiv. détail au Livre d'inventaire.			
	Je le règle : espèces	50.000		
	ch/ n° 1 s/ la Banque Nationale de Crédit	9.200		
	mes acceptations n° 1. 27 janv. 19..	15.000		
	n° 2. 15 fév. 19..	15.000		
	n° 3. 31 janv. (année suivante)	15.000		
	n° 4. 31 mars (année suivante)	15.000		
	Rabais	800	120.000	»

Janvier

8	Dito 4		
	Caisse hôtel du jour.	742	50
9	Dito 4		
	Acheté à Krieger de c/v/ mob. hall et salons. Je le règle espèces . . . . 17.640 escompte 2 °/₀ s/s/ acompte . . . . . . 360 m/ acceptation n° 5 au 31 mars 19. . . . . 6.000 m/ acceptation n° 6 au 28 févr. 19. . (année suivante) 6.000	30.000	»
10	Dito 5		
	Caisse hôtel du jour.	1.618	25
11	Dito 6		
	Caisse hôtel du jour.	137	50
12	Dito 7		
	Feuille de marché de la semaine	5.200	75
13	Dito 7		
	Petits débours de la semaine (*Frais généraux*) . . .	137	45
14	Dito 7		
	Caisse hôtel du jour.	11.630	25
15	Dito 8		
	Prélèvement de Caisse hôtel versé à Caisse générale. .	12.000	»
16	Dito 8		
	Payé honoraires avocat conseil	1.700	»
17	Dito 8		
	Acheté à Massard mobilier salle à manger et restaurant . . . . 10.000 Je le règle moitié comp. s/esc. 2 °/₀ 4.900 esc. 2 °/₀ 100 Moitié en m/acceptation n° 7 au 28 fév. 19. . 5.000	10.000	»

	Janvier		
18	*Dito* 9		
	Reçu 2e livraison charbon maison Béri.	485	»
19	*Dito* 9		
	Note blanchisseur payée c/j.	345	»
20	*Dito* 10		
	Caisse hôtel du jour	801	10
21	*Dito* 10		
	Reçu note Pontonier pour l'installation électrique d'après devis . . . . 10.000 Je le règle moitié compt sous esc. 2 °/o 4.900 esc. 2 °/o 100 moitié en m/accepton n° 8 au 15 mars proch. . . 5.000	10.000	»
22	*Dito* 10		
	Porter les totaux journaliers de main cte/ du 1er au 10 janvier, s/ le Livre de récapitulation et faire les totaux de la 1re décade du mois.		
23	*Dito* 11		
	Caisse hôtel du jour	1.120	»
24	*Dito* 12		
	Reçu fact. Gros installation sanitaire d'après devis . . . . 28.000 Je le règle moitié comptant s/esc. 2 °/o espèces . . . . 13.720 esc. 2 °/o. . . . . 280 moitié en m/acceptations n° 9 au 30 avril prochain . . . . . . 7.000 n° 10 au 15 janv. 19. . (année suivante) . . 7.000	28.000	»

	Janvier			
25	*Dito* 13			
	Reçu fre Sulzer installation chauffage central suivant devis : Je verse s/ esc/ 2 %.			
	Espèces	19.600		
	Esc. 2 %	400		
	Solde en m/ acceptations			
	nº 11 au 30 janv. prochain	6.000		
	nº 12 au 15 avril prochain . . .	6.000		
	nº 13 au 30 avril 19 (année suivante) .	6.000	38.000	»
26	*Dito* 13			
	Reçu 3e livraison charbon de la maison Béri . . .		515	»
	Reçu fre Béri et Cie pour 1re et 2e livraisons de charbon. Je verse un 1er acompte espèces	935	935	»
27	*Dito* 13			
	Reçu fre Barnier papeterie que je règle en m/ accept nº 14 au 15 mai prochain.		750	75
28	*Dito* 13			
	Reçu fre Lunel conserves alimentaires. Je le règle :			
	Espèces	1.500		
	Solde en m/ accept. nº 15 au 30 Mai prn.	1.080 30	2.580	30
29	*Dito* 13			
	Reçu fre Roux légumes secs. Je le règle :			
	Espèces	1.000		
	Solde en m/ accept. nº 16 au 28 fév. prn.	970 45	1.970	45
30	*Dito* 13			
	Reçu fre Verdeil, épicerie.			
	A payer en espèces	1.000		
	Solde en m/ accept. nº 17 au 10 mars prochain.	220	1.220	»
31	*Dito* 13			
	Reçu fre Crozier vins.			
	Je le règle en m/ ch. nº 1 s/ le Crédit Coml.	10.000		
	Espèces	2.000		
	Solde en m/ accept. nº 18 au 31 mars . .	2.280	14.280	»
32	*Dito* 13			
	Caisse hôtel du jour.		2.105	70

N°	Janvier		Fr.	c.
33	*Dito* 13			
	Payé pour instal. téléphone espèces		1.175	»
	Payé abonnement au téléphone		250	»
34	*Dito* 14			
	Feuilles de marché de la semaine		5.930	»
35	*Dito* 14			
	Livre de débours de la semaine y compris facture jardinier	101	231	40
36	*Dito* 14			
	Caisse hôtel du jour		12.260	25
	Prélevé dans Caisse hôtel et versé dans Caisse générale.		12.000	»
37	*Dito* 15			
	Caisse hôtel du jour		1.125	»
38	*Dito* 16			
	Versé 2e acompte à Béri sur note charbon		515	»
39	*Dito* 16			
	Caisse hôtel du jour		1.370	45
40	*Dito* 17			
	Acquitté note menuisier		1.237	»
41	*Dito* 18			
	Caisse hôtel du jour		515	45
42	*Dito* 19			
	Reçu fre Johnston vins.			
	Je le règle espèces	2.000		
	Solde en m/ accep. n° 19 au 10 avril	1.450	3.450	»
43	*Dito* 19			
	Reçu fre Buchanan liqueurs.			
	Je le règle espèces	1.000		
	Solde en m/ accep. n° 20 au 30 avril	450	1.450	»

N°	Janvier		
44	Dito 19		
	Reçu f^re^ Martel cognac. Espèces . . . . 500 ; m/ accep. n° 21 au 28 février 200	700	»
45	Dito 20		
	Caisse hôtel du jour.	501	25
46	Dito 20		
	Porter les totaux journaliers de main courante du 11 au 20 sur le Livre de récapitulation et faire les totaux de la 2e décade.		
47	Dito 20		
	Payé livraison bois de chauffage	1.955	»
48	Dito 21		
	Payé pour publicité d'ouverture	2.100	»
49	Dito 21		
	Feuilles de marché de la semaine	6.145	70
50	Dito 21		
	Petits débours de la semaine y compris facture jardinier 110	217	50
51	Dito 21		
	Caisse hôtel du jour.	12.150	05
52	Dito 21		
	Prélevé dans Caisse hôtel et versé dans Caisse générale	15.000	»
53	Dito 22		
	Note blanchisseuse	507	»
54	Dito 23		
	Payé licence 1er trimestre	121	»
55	Dito 23		
	Caisse hôtel du jour.	502	»

Janvier

N°	Libellé	F	c
56	*Dito* 24		
	Payé note livrets réclame	615	»
57	*Dito* 24		
	Caisse hôtel du jour.	330	»
58	*Dito* 25		
	Mon prélèvement mensuel	1.500	»
59	*Dito* 27		
	Payé Agence de publicité pour le mois.	780	»
60	*Dito* 27		
	Caisse hôtel du jour.	1.200	»
61	*Dito* 27		
	Acquitté t/ n° 1 Cassin échue ce jour.	15.000	»
62	*Dito* 28		
	Petits débours de la semaine. Cuisine. . . 63 30 Frais généraux 120	183	30
63	*Dito* 28		
	Feuilles de marché de la semaine	6.915	75
64	*Dito* 28		
	Caisse hôtel du jour.	12.442	05
65	*Dito* 28		
	Prélevé dans Caisse hôtel et versé dans Caisse générale.	15.000	»
66	*Dito* 29		
	Retiré montant de m/ chèque n° 2 s/ Banq. Nat. de Crédi	20.000	»
67	*Dito* 29		
	Payé personnel pour le mois	3.150	»

Janvier

68	*Dito* 29		
	Caisse hôtel du jour.	105	50
69	*Dito* 30		
	Payé deux mois de loyer.	6.000	»
70	*Dito* 30		
	Payé enregistrement bail et frais de timbre	41	50
71	*Dito* 30		
	Acquitté t/ n° 4 Sulzer échue ce jour	6.000	»
72	*Dito* 31		
	Payé à Verdeil acompte s/ s/ f[re]	1.000	»
73	*Dito* 31		
	Caisse hôtel du jour	4.273	»
74	*Dito* 31		
	Prélevé dans Caisse hôtel et versé dans Caisse générale.	10.000	»
75	*Dito* 31		
	Reçu de Racine divers services argenterie.		
	Je le règle en m/ accep. n° 22 au 31 mai pro. 8.500		
	n° 23 au 31 mai 19.. 8.500	17.000	»
	Payé note eaux minérales	200	»
76	*Dito* 31		
	Porter les totaux journaliers de main c/ du 21 au 31 s/ le Livre de récapitulation et faire les totaux de la 3e décade.		
77	*Dito* 31		
	Faire les totaux des 3 décades du Livre de récapitulation qui donnent comme résultat à passer au Journal.		
	Consommations des voyageurs pour le mois	74.162	80
	Encaissements confirmés par totaux de Caisse hôtel . .	67.012	80
	Ristournes et notes impayées	511	70

N°	Janvier		
78	*Dito 31*		
	Arrêter le Livre de cuisine qui a été tenu au jour le jour et virer le total mensuel ou coût du mois au Compte d'exploitation	25.755	70
79	*Dito 31*		
	Établir le Livre de récapitulation des sorties de cave d'après le Livre d'inventaire permanent de cave qui donne le total mensuel du prix de revient, du coût de cave à virer au C/ d'exploitation.	15.613	»
80	*Dito 31*		
	Virer les Frais généraux du mois au compte d'Exploitation et dresser la situation de fin de mois	18.776	45
81	*Dito 31*		
	Passer écritures des frais à payer dus p. Janvier. Assur^ces^ diverses 1/6 (*la saison étant de 6 m.*) 1.875 Impôt . . . . 1.423 50 Cie Gaz et Électricité consom. m/ . . . 321 Cie des Eaux — . m/ . . . 200 Abonnement omnibus p^r^ le mois. . . . 1.000	4 819	50
82	*Dito 31*		
	Passer écritures des intérêts 6 % à m/ profit pour mes dépôts en banque. Crédit Commercial int/ créd/ . . . . . . 241 65 Banque Nationale int/ créd/ 241 65	483	30
83	*Dito 31*		
	Passer écritures de la réserve pour entretien du mobilier et matériel : 1/10 % pour la sais. de 6 mois soit 1/60	2.666	65
	Amortissement agencement 1/60	1.266	65
	— frais d'installation	207	»

Janvier

N°			Fr.	c.
84	*Dito* 31			
	Virer le bénéfice brut résultant d'Exploitation au C/ de Pertes et Profits soit		13.505	95
	Le solde créditeur d'Escompte et Rabais		2.040	»
	Int. 6 °/₀ à m/ profit en banque à c/ jour		483	30
85	*Dito* 31			
	Les stocks présentés par les comptes virés partiellement dans Exploitation sont :			
	Cave valeur estimée	4.467		
	Cuisine *id.*	4.270 55		
	Frais g^aux provision	1.750 65	10.488	20
86	*Dito* 31			
	Solder le C/ de Pertes et Profits qui donne un bénéfice net de		7.069	35
	et dresser la B/ d'inventaire et le bilan.			
	Arrêter et rouvrir les C/ du G^d Livre.			

LIVRES AUXILIAIRES

LIVRE DES FOURNISSEURS

LIVRE DES FOURNISSEURS

Janvier 19. .

DATES		FOURNISSEURS	ADRESSES	NATURE DES MARCHANDISES	Nos FACTURES	COMPTES A DÉBITER	MONTANT DES FACTURES		PAYEMENT ESPÈCES OU CHÈQUES		ESCOMPTES GAGNÉS A PASSER A ANNOTATIONS		RESTE A PAYER		EN	OBSERVATIONS
Janvier	3	CASSIN	5, rue du Palais, Nice	*Mobilier* chambres	1	*Mobilier*	120.000	»	59.200	»	800	»	60.000	»	traites	
—	4	KRIÉGER	31, bd Victor-Hugo, Nice	*Mobilier* hall, salons	2	—	30.000	»	17.640	»	360	»	12.000	»	»	
—	8	MASSARD	15, rue N.-Dame, Paris	*Mobilier* restaurant	3	—	10 000	»	4.900	»	100	»	5.000	»	*id.*	
—	10	PONTONIER	24, bd Gambetta, Lyon	Installation électrique	4	*Agencement*	10.000	»	4.000	»	100	»	5.000	»	*id.*	
—	11	GROS	3, rue Pertinax, Lyon	Salles de bains, toilettes	5	—	28.000	»	13.720	»	280	»	14.000	»	*id.*	
—	13	SULZER	20, rue de France, Nice	Chauffage central	6	—	38.000	»	19.600	»	400	»	18.000	»	*id.*	
—	13	BARNIER	1, bd Mirabeau, Lyon	Papeterie	7	*Frais Gaux*	750	75	»	»	»	»	750	75	*id.*	
—	13	BÉRI et Cie	45, rue Cassini, Nice.	Charbon relevé de f/	8	—	2 450	»	1.450	»	»	»	1.000	»		
—	13	LUNEL	5, cours Saleya, Nice	Conserves alimentaires	9	*Cuisine*	2.580	30	1 500	»	»	»	1.080	30	traites	
—	13	ROUX	62, r. Républque, Marseille	Légumes secs	10	—	1.970	45	1.000	»	»	»	970	45	*id.*	
—	13	VERDEIL	3, cours Saléya, Nice	Épicerie	13	—	1.220	»	1.000	»	»	»	220	»	*id.*	
—	13	CROZIER	3, av. de la Gare, Lyon.	Vins	11	*Cave*	14.280	»	12.000	»	»	»	2.280	»	*id.*	
—	19	JOHNSTON	90, qu. Gironde, Bordeaux	Vins	12	—	3.450	»	2.000	»	»	»	1.450	»	*id.*	
—	19	BUCANAN	37, r. C.-Vernet, Bordeaux	Liqueurs	14	—	1.450	»	1.000	»	»	»	450	»	*id.*	
—	19	MARTEL	19, rue de Saintes, Cognac	Eaux-de-vie	15	—	700	»	500	»	»	»	200	»	*id.*	
—	31	RACINE	103, rue d'Italie, Paris	Argenterie	16	*Argenterie*	17.000	»	»	»	»	»	17.000	»	*id.*	
							281.851	50	140.410	»	2.040	»	139.401	50		

NOTA 1. — Ce livre donne les éléments des articles 2, 3, du Journal.

NOTA 2. — Les escomptes accordés par les fournisseurs étant détaillés sur ce livre, il n'en sera passé écritures sur le livre d'annotations diverses qu'en fin de mois, par un seul article global.

LIVRE DE CAISSE GÉNÉRALE

I

LIVRE IMPAIR

1 | **RECETTES** | # LIVRE DE CAISSE GÉNÉRALE — JANVIER 19.. | **DÉPENSES** | 1

RECETTES

Dates		Libellés	Encaissements caisse génér[le]	Caisse Hôtel — Entrées	Caisse Hôtel — Sorties	Capital	Banquiers
Janv.	1	M/ app/ comm/. . . .	300.000 »			300.000 »	
»	3	Caisse Hôtel		2.082 30			
»	4	»		742 50			
»	5	»		1.618 45			
»	6	»		137 50			
»	7	»		11 630 25	12.000 »		
»	7	Prélèvements C. H. .	12.000 »				
»	10	Caisse Hôtel		801 10			
»	11	»		1.120 »			
»	13	»		2.105 70			
»	14	»		12.200 25	12.000 »		
»	14	Prélèvements C. H. . .	12.000 »				
»	15	Caisse Hôtel		1.125 »			
Janv.	15	*A reporter* . . .	324 000 »	33.823 05	24.000 »	300.000 »	

DÉPENSES

Dates		Nos	Libellés	Dépenses	Cuisine	Cave	Banques	Frais de 1er établiss[t]	Mobilier matériel outillage	Frais généraux	Effets à payer
Janv.	1	1	Achat timbres	225 »						225 »	
»	1	2	Registres et papeterie. .	1.130 »						1 130 »	
»	1	3	Déposé Crédit Commercial.	50.000 »			50.000 »				
»	1	4	Déposé B[que] Nationale Crédit.	50.000 »			50.000 »				
»	4	5	Cassin, acompte. . . .	50.000 »					(1) f) 50.000 »		
»	5	6	Krieger, acompte . . .	17.640 »					f) 17.040 »		
»	7	7	Feuilles marché semaine .	5.200 75	5.200 75						
»	7	8	Livre petits débours . .	137 45						137 45	
»	8	9	Honoraires avocat-conseil.	1 700 »				1.700 »			
»	8	10	Facture Massard . . .	4.900 »					f) 4.900 »		
»	9	11	Blanchissage.	345 »						345 »	
»	10	12	F/ Pontonier.	4.000 »					f) 4.000 »		
»	11	13	F/ Gros	13.720 »					f) 13.720 »		
»	13	14	F/ Salzer	19.600 »					f) 19.600 »		
»	13	15	F/ Béri, 1er acompte . .	935 »						f) 935 »	
»	13	16	F/ Lunel	1 500 »	f) 1.500 »						
»	13	17	F/ Roux	1 000 »	f) 1.000 »						
»	13	18	F/ Crozier	2 000 »		f) 2.000 »					
»	13	19	Inst/ Téléphone	1 175 »				1.175 »			
»	13	20	Abonnement Téléphone .	250 »						250 »	
»	14	21	Livre de Débours semaine.	231 40						231 40	
»	14	22	Feuilles marché semaine .	5.930 »	5.930 »						
Janv.	15		*A reporter* . . .	232.519 00	13.030 75	2 000 »	100 000 »	2.875 »	110.760 »	3.253 85	
Janv.	15	(2)	Solde en Caisse	91 4[illegible]0 [illegible]							

OBSERVATIONS. — (1) La lettre f) devant les sommes est l'abrégé de Fournisseur (Compte de Fournisseurs).
(2) Janvier 15, solde résultant du contrôle de caisse porté à titre d'indication.

LIVRE DE CAISSE GÉNÉRALE

II

LIVRE PAIR

RECETTES

Dates		Libellés	Encaissements caisse génér.le	Caisse Hôtel Entrées	Caisse Hôtel Sorties	Capital	Banquiers
		Reports	324.000 »	38.623 05	24.000 »	300.000 »	» »
Janv.	16	Caisse Hôtel		1.370 45			
»	18	»		515 45			
»	20	»		501 25			
»	21	»		12.150 06	15.000 »		
»	21	Prélèvement C. H.	15.000 »				
»	23	Caisse Hôtel		502 »			
»	24	»		330 »			
»	27	»		1.200 »			
»	28	»		12 442 05	15.000 »		
»	28	Prélèvement C. H.	15.000 »				
»	29	M/ chèque nº 2 B. N. de C.	20.000 »				20.000 »
»	29	Caisse Hôtel		105 50			
»	31	Caisse Hôtel		4 273 »	10.000 »		
»	31	Prélèvement C. H.	10.000 »				
			384.000 »	67.012 80	64.000 »	300.000 »	20.000 »
Janv.	31	Solde Caisse Hôtel			3.012 80		
			384.000 »	67.012 80	67.012 80		
Fév.	1er	Solde en Caisse	93.790 15				
		Solde en C. Hôtel		3.012 80			

DÉPENSES

Dates		Nºs	Libellés	Dépenses	Cuisine	Cave	Banques	Frais de 1er établissem.t	Mobilier matériel outillage	Frais généraux	Effets à payer
			Reports	232.519 60	13.830 75	2 000 »	100.000 »	2.875 »	110.700 »	3.253 85	» »
Janv.	16	23	F/ Béri.	515 »						f) 515 »	
»	17	24	Note menuisier	1 237 »				1.237 »			
»	19	25	F/ Johnston	2.000 »		f) 2 000 »					
»	19	26	F/ Bucanan	1.000 »		f) 1.000 »					
»	19	27	F/ Martel	500 »		f) 500 »					
»	20	28	Bois de Chauffage	1.055 »						1 055 »	
»	21	29	Publicité d'ouverture	2.100 »				2.100 »			
»	21	30	Feuilles marché semaine	6.145 70	6.145 70						
»	21	31	Débours de la semaine.	217 50						217 50	
»	22	32	Blanchissage	507 »						507 »	
»	23	33	Payé licence 1er trimestre.	121 50						121 50	
»	24	34	Prospectus	615 »						615 »	
»	25	35	Mes prélèvements	1.500 »						1 500 »	
»	27	36	Publicité mensuelle.	780 »						780 »	
»	27	37	Acquitté tr/ nº 1.	15.000 »							15 000 »
»	28	38	Livres petits débours	183 30	63 30					120 »	
»	28	39	Feuilles marché semaine	6.915 75	6.015 75						
»	29	40	Appoint. personnel.	3.150 »						3.150 »	
»	30	41	Payé 6e loyer d'avance.	6.000 »						6.000 »	
»	30	42	Enregistré bail et timbre.	41 50						41 50	
»	30	43	Acquitté tr/ nº 2	6.000 »							6.000 »
»	31	44	Verdeil	1.000 »	f) 1.000 »						
»	31	45	Note eaux minérales	200 »		200 »					
				290.208 85	27.755 50	5.700 »	100.000 »	6.212 »	110.700 »	18 770 35	21.000 »
Janv.	31		Solde en Caisse	93.790 15							
				384.000 »							

LIVRE DES EFFETS A PAYER

EFFETS A PAYER

Jan…

SORTIES

ÉCHÉANCES — 19.

DATES DE SORTIE		NUMÉROS		NATURE	FOLIOS FOURNISSEURS	NOMS ET ADRESSES TIREURS OU BÉNÉFICIAIRES A DÉBITER	SOMMES A PAYER		JANVIER	FÉVRIER	MARS
Janvier	3	1	1	1/	1	Cassin, 5, rue du Palais, Nice.	15.000	»	27	15	
»	3	2		—	—	*id.* »	15.000	»			31
»	4	5		—	—	Kriéger, 31, b. Victor-Hugo, Nice.	6.000	»		28	
»	8	7		—	—	Massard, 15, r. Notre-Dame, Paris	5.000	»			15
»	10	8		—	—	Pontonier, 24, b. Gambetta, Lyon.	5.000	»			
»	11	9		—	—	Gros, 3, rue Pertinax, Lyon .	7.000	»	30		
»	13	11	2	—	—	Sulzer, 20, rue de France, Nice.	6.000	»			
»	13	12		—	—	*id.* »	6.000	»			
»	13	14		—	—	Barnier, 1, b. Mirabeau, Lyon .	750	75			
»	13	15		—	—	Lunel, 5, cours Saleya, Nice .	1.080	30		28	
»	13	16		—	—	Roux, 62, r. Républque, Marseille	970	45			10
»	13	17		—	—	Verdeil, 3, cours Saleya, Nice .	220	»			31
»	13	18		—	—	Crozier, 3, av. de la Gare, Lyon.	2.280	»			
»	19	19		—	—	Johnston, 90, quai Gironde, Bordaux	1.450	»			
»	19	20		—	—	Bucanan, 37, r. C.-Vernet, Bordeaux	450	»		28	
»	19	21		—	—	Martel, 19, r. de Saintes, Cognac	200	»			
»	31	22		—	—	Racine, 103, rue d'Italie, Paris .	8.500	»			
							80.901	50			

ÉCHÉANCES — 19.

DATES DE SORTIE		NUMÉROS		NATURE	FOLIOS FOURNISSEURS	NOMS ET ADRESSES TIREURS OU BÉNÉFICIAIRES A DÉBITER	SOMMES A PAYER		JANVIER	FÉVRIER	MARS
Janvier	4	3		1/	1	Cassin, 5, rue du Palais, Nice.	15.000	»	31		31
»	4	4		—	—	*id.* »	15.000	»		28	
»	5	6		—	—	Kriéger, 31, b. Victor-Hugo, Nice.	6.000	»	15		
»	11	10		—		Gros, 3, rue Pertinax, Lyon.	7.000	»			
»	13	13		—	—	Sulzer, 20, rue de France, Nice.	6.000	»			
»	31	23		—	—	Racine, 103, rue d'Italie, Paris .	8.500	»			
							57.500	»			
						Total Général	138.401	50			

Nota. — Centralisation de ce livre art. 6 du Journal.

LIVRE DE FRAIS GÉNÉRAUX

FRAIS GÉNÉRAUX

DATES	FRAIS GÉNÉRAUX	MONTANT		PERSONNEL ET PRÉLÈVEMENT		LOYERS		TAXES ET IMPÔTS		ASSURANCE	
	1. — *Frais payés*										
1	Achat timbres	225	»								
2	Registres et papeterie	1.130	»								
7	Petits débours	137	45								
9	Blanchissage	345	»								
13	Facture Béri, charbon	935	»								
13	Abonnement téléphone	250	»								
14	Petits débours										
»	Jardinier	130	40								
»	Menus frais	101	»								
16	Facture Béri, charbon . . .	515	»								
20	Bois de chauffage	1.955	»								
	Petits débours	107	50								
	Jardiniers.	110	»								
22	Blanchissage.	507	»								
	Payé licence 1er trimestre . . .	121	50					121	50		
24	Prospectus	615	»								
25	Prélèvements.	1 500	»	1.500	»						
27	Publicité	780	»								
	Petits débours	120	»								
29	Appointements personnel . . .	3.150	»	3.150	»						
30	1 sixième du loyer annuel . . .	6.000	»			6.000					
30	Enregistré bail	41	50					41	50		
	TOTAL	18.776	3								
	2. — *Frais à payer* Dus pour janvier										
31	Assurance, 1 sixième	1.875	»							1.875	»
»	Impôt, 1 sixième.	1.423	50					1.423	50		
»	Compagnie gaz et électricité .	321	»								
»	Compagnie des eaux	200	»								
»	Abonnement voitures	1.000	»								
		4.819	50								
	3. — *Frais portés à l'inventaire*										
31	Réserve entretien mobilier .	2.656	65								
31	Amortissement, agencement .	1.266	45								
31	Amortissement, 1er établissement.	207	»								
		27.799	45	4.650	»	6.000	»	1.586	50	1.875	»

NOTA. — 1 Contrôle de Caisse, article 8 du Journal.
2 et 3 Ecritures d'inventaire, article 12 du Journal.

LIVRE DE RÉCAPITULATION
DE MAIN-COURANTE

RECAPITULATION DE MAIN-COURANTE

JANVIER 19. .

JOURS	Maitres	Enfants	Domestiques	Cuisine		Cave		Appartement		Lumière	Chauffage	Service	Bains	Blanchissage		Omnibus		Timbres et divers		Montant journalier		Report des journées précédentes		Montant total		Encaissements		Notes impayées ristournes		Montant du à reporter	
1	40	5	5	935	»	865	»	270	»	45	45	45	20	—	»	20	80	—		1.645	80	—		1.645	80	—		—		1.645	80
2	55	7	5	907	»	730	»	605	»	62	62	62	145	60	»	152	»	15	»	2.800	»	1.645	80	4.445	80	—		—		4.445	80
3	49	8	4	830	»	741	»	550	»	57	57	57	133	50	»	165	»	—		2.640	»	4 445	80	7.085	80	2.062	30	3	50	5.000	»
4	40	8	5	830	50	743	»	553	»	57	57	57	130	45	»	170	»	—		2.642	50	5 000	»	7.642	50	742	50	—		6.900	»
5	58	5	3	1.008	45	788	»	618	»	63	63	63	149	35	»	151	»	12	»	2.950	45	6.900	»	9.850	45	1.618	45	22	»	8.210	»
6	45	4	2	760	»	475	»	430	»	49	49	49	145	130	»	135	»	8	»	2.230	»	8.210	»	10.440	»	137	50	2	50	10.300	»
7	46	6	3	830	25	513	»	495	»	51	51	51	120	130	»	127	»	—		2.358	25	10.300	»	12.658	25	11.630	25	15	»	1.013	»
8	50	3	3	808	»	695	»	520	»	53	53	53	133	50	»	165	»	—		2.530	»	1.013	»	3.543	»	—		Brun 122	50	3.420	50
9	47	4	2	810	»	495	»	485	»	51	51	51	120	130	»	127	»	5	15	2.325	15	3.420	»	5.745	15	—		—		5.745	15
10	45	2	2	761	»	605	»	418	»	47	47	47	130	110	»	115	»	—		2.180	»	5.745	15	7.925	15	801	10	4	05	7.120	»
TOTAL 1re DÉCADE.	484	51	34	8.380	20	6.050	»	4.944	»	535	535	535	1.225	740	»	1 327	80	40	15	24.302	15	46.078	75	70.981	90	17.012	10	160	55	53.800	25
11	44	4	1	728	»	555	»	418	»	48	48	48	130	110	»	115	»	—		2.200	»	7.120	»	9.320	»	1.120	»	15	70	8 184	30
12	55	7	3	759	50	730	»	605	»	62	62	62	145	100	»	152	»	3	»	2.740	50	8.184	30	10.924	80	—		—		10.924	80
13	50	6	3	710	20	694	»	482	»	56	56	56	135	105	»	132	»	10	»	2.436	20	10.924	80	13.361	»	2.105	70	10	50	11.244	80
14	46	2	1	738	»	435	»	418	»	48	48	48	110	115	»	108	»	2	»	2.119	75	11.244	80	13.364	55	12.260	25	—		1.104	30
15	44	2	1	728	»	565	»	408	»	46	46	46	80	85	»	44	»	2	»	2.000	25	1.104	30	3.104	55	1.125	»	21	»	1 958	55
16	44	2	1	738	»	665	»	408	»	46	46	46	80	85	»	94	»	2	»	2.209	50	1.958	55	4.168	05	1.370	45	11	30	2.786	30
17	41	2	1	839	»	565	»	408	»	46	46	46	80	85	»	94	»	4	40	2.213	90	2.786	30	5.000	20	—		—		5.000	20
18	47	3	2	778	»	675	»	482	»	50	50	50	110	115	»	130	»	—		2.420	»	5.000	20	7.420	20	515	45	6	45	6.898	30
19	45	4	2	758	»	485	»	428	»	49	49	49	90	80	»	94	»	3	25	2 085	25	6.898	30	8.983	55	—		—		8.983	55
20	40	5	2	1.005	50	712	»	771	»	55	55	55	75	96	»	93	»	—		1.817	50	8.983	55	10.801	05	501	25	10	»	10.289	80
TOTAL 2e DÉCADE.	459	37	17	7.782	20	6.431	»	4.808	»	506	506	506	985	1.036	»	1.056	»	26	65	22.242	85	64.205	10	86.447	95	18.998	10	74	95	67.374	90
21	47	3	3	838	55	595	»	520	»	53	53	53	135	150	»	165	»	9	»	2 509	55	10.289	80	12.859	35	12.150	05	21	»	688	30
22	45	4	3	712	75	603	»	509	»	52	52	52	138	149	»	151	»	4	15	2.423	15	688	30	3.111	45	—		—		3.111	45
23	50	4	3	830	25	615	»	550	»	57	57	57	133	102	»	180	»	—		2.581	25	3.111	45	5.692	70	502	»	15	»	5.175	70
24	42	4	3	740	15	568	»	430	»	49	49	49	145	130	»	135	»	—		2 295	15	5.175	70	7 470	85	330	»	3	50	7.137	35
25	45	3	3	703	»	632	»	435	»	51	51	51	120	125	»	132	»	—		2.300	»	7.137	35	9.437	35	—		—		9.437	35
26	45	5	3	806	»	603	»	509	»	53	53	53	135	49	»	151	»	—		2.411	25	9.437	35	11.848	60	—		—		11.848	60
27	45	3	3	810	75	565	»	485	»	51	51	51	120	80	»	127	»	—		2.340	75	11.848	60	14.189	35	1.200	»	—		12.989	35
28	50	4	3	830	»	575	»	550	»	57	57	57	133	136	50	105	»	—		2.500	50	12.989	35	15.489	85	12.442	05	Wilde 212	70	2.835	10
29	51	4	3	825	»	705	»	555	»	58	58	58	130	110	»	115	»	6	»	2.620	50	2.835	10	5.455	60	105	50	10	50	5.339	60
30	42	—	3	626	50	589	»	320	»	45	45	45	120	70	»	140	»	—		2.000	50	5 339	60	7.340	10	—		—		7.340	10
31	47	—	2	840	20	648	»	430	»	49	49	49	145	130	»	135	»	—		2.475	20	7.340	10	10.816	30	4.273	»	4	50	6.638	30
TOTAL 3e DÉCADE.	509	34	32	8 563	15	6 698	»	5.293	»	575	575	575	1.454	1.231	50	1.536	»	19	15	27 617	80	76.192	70	103.810	50	31.002	60	267	20	72.540	70
TOTAL GÉNÉRAL.	1.432	122	83	24.725	55	18.879	»	15 035	»	1.616	1.616	1.616	3.662	3.007	50	3.919	80	85	95	74 162	80	187.077	55	261.240	35	67.012	80	511	70	193.715	85
REPORTS MOIS PRÉCÉDENTS.	(Néant premier mois d'exercice).																														
TOTAL A REPORTER.	1.432	122	83	24.725	55	18.879	»	15.035	»	1.616	1.616	1.616	3.662	3.007	50	3.919	80	85	95	74.162	80	187.077	55	261.240	35	67.012	80	511	70	193.715	85
TOTAL ANNÉES PRÉCÉDENTES.	(Néant première année d'exercice).																														

NOTA 1. — *Deux notes impayées, Brun et Wilde.*

— 2. — *Le montant de la dernière colonne de Main-Courante, Report des notes à encaisser, soit pour le 31 Janvier = 6.638 fr. 30, représente le solde du compte Voyageurs.*

— 3. — *Ce livre sert de base aux articles 9 et 10 du Journal.*

LIVRE
DE PRIX DE REVIENT DE CUISINE
(UNE PAGE PAR MOIS)

LIVRE DE PRIX DE REVIENT DE CUISINE DE JANVIER 19..

DÉNOMINATIONS		1	2	3	4	5 au 30	31	TOTAUX GÉNÉRAUX MENSUELS	COÛT DE CUISINE À VIRER AU DOIT D'EXPLOITATION DE JANVIER
DÉPENSES DE CUISINE	Viande	113							
	Volaille	125							
	Charcuterie	33							
	Poisson	97							
	Fromage	32 50							
	Beurre	38							
	Œufs	19 50							
	Lait	13							
	Pain	45							
	Pâtes	20							
	Légumes frais	21							
	» secs	—							
	Fruits frais	35							
	» conserve	—							
	Sucre	—							
	Farine	3							
	Huile	24							
	Vinaigre	4							
	Sel	2							
	Charbon	26							
	Cave	14							
	Glace	5							
	Blanchissage	20							
	Pâtisserie	20							
TOTAL CUISINE		710 00						19.065 70	
CAFÉTERIE	Café	16							
	Thé	7							
	Chocolat	12							
	Chicorée	3							
	Glace	—							
	Pain	15							
	Beurre	18							
	Lait	36							
	Sucre	6 30							
	Blanchissage	10							
TOTAL CAFÉTERIE		123 30						3.017 00	
PERSONNEL	Viande	48 10							
	Légumes ou fruits	33 60							
	Pain	15							
	Vin	28							
	Café	8							
	Sucre	3 30							
	Lait	6 50							
TOTAL PERSONNEL		142 50						3.673 00	
Cuisine		710						19.065 70	
Caféterie		123 30						3.017 00	
Personnel		142 50						3.673 00	
TOTAUX GÉNÉRAUX		975 80						25.755 70	25.755 70
Nombre de clients		90							
Moyenne pour cuisine		7 88							
Nombre déjeuners, thés		110							
Moyenne pour caféterie		1 29							
Nombre employés		35							
Moyenne pour personnel		4 05							

NOTA. — Le total de ce livre est l'un des éléments de l'art. 3 du Journal.

RÉCAPITULATION

DES

SORTIES DE CAVE AU PRIX DE REVIENT

JANVIER 19.. RECAPITULATION DES SORTIES DE CAVE AU PRIX DE REVIENT *JANVIER 19..*

INDICATION DES VINS		JANVIER					FÉVRIER	MARS	AVRIL	MAI	DÉCEMBRE	OBSERVATIONS
		Nombre bout.	Prix unité		Valeur totale des sorties							
					fr.	c.						
Médoc	1/1	120	4	50	540	»						
	1/2	140	2	80	392	»						
St-Julien . . .	1/1	125	5	50	715	»						
	1/2	137	3	»	411	»						
St-Émilion . . .	1/1	131	6	»	786	»						
	1/2	139	3	25	455	»						
Graves	1/1	151	4	50	679	50						
	1/2	100	2	80	280	»						
Sauterne	1/1	175	6	»	1.050	»						
	1/2	115	3	30	379	50						
Beaune	1/1	141	6	50	916	50						
	1/2	120	4	»	480	»						
Bellet	1/1	165	6	75	1.113	75						
	1/2	150	3	50	525	»						
Madère	1/1	21	7	»	147	»						
Malaga	1/1	25	6	50	162	50						
Champagne . . .	1/1	220	14	»	3.080	»						
(prix moyen)	1/2	150	8	»	1.200	»						
Bière	1/1	700	1	05	735	»						
	1/2	400	0	60	240	»						
Eaux minérales . .					275	»						
Liqueurs					1.050	25						
TOTAL à porter chaque mois au Doit d'Exploitation . . .					15.013	»	NOTA. — Le total de Janvier est l'un des éléments de l'art. du Journal.					TOTAL ANNUEL

ANNOTATIONS DIVERSES

	Janvier 19..				
	3				
1	*Cassin F.*	9.200	»		
	à *Banque Nationale de Crédit* .			9.200	»
	m/ chèque n° 1 en 2e acompte.				
	13				
2	*Crozier F.*	10.000	»		
	à *Crédit Commercial* . .			10.000	»
	m/ chèque n° 1 en 2e acompte.				
	31				
3	*Fournisseurs*	2.040	»		
	à *Escomptes et Rab.* . . .			2.040	»
	escomptes en m/ faveur suiv. détails au livre des fournisseurs.				
	TOTAL au 31 janvier . . .	21 240		21.240	»

NOTA. — Centralisation, art. 6 et 7 du Journal.

LIVRES PRINCIPAUX

LIVRE
JOURNAL CENTRALISATEUR

Le présent registre devant servir de Journal à Monsieur Jean LEFÈVRE, 65, Promenade des Anglais, contenant huit folios a été visé, coté et paraphé par nous, Juge au Tribunal de Commerce.

Ce jourd'hui, 20 décembre 19..

Timbre du Tribunal de Commerce.

Signature

Enregistré à Nice,
perçu pour enregistrement

		Janvier 19..				
		1er				
1	1	*Caisse générale*	300.000	»		
1		à *Capital*			300.000	»
		m/ apport espèces.				
		31				
	2	*Divers*				
		à *Fournisseurs*			261.971	50
		mes achats du mois				
2		*Mobilier*	160.000	»		
		f/ Cassin . . . . . 120 000 »				
		f/ Kriéger . . . 30.000 »				
		f/ Massard . . . 10 000 »				
2		*Agencement*	76.000	»		
		f/ Pontonier, électr. 10.000 »				
		f/ Gros, instal. sanit. 28 000 »				
		f/ Sulzer, chauffage. 38.000 »				
2		*Frais généraux*	3.200	75		
		f/ Barnier, papeterie 750 75				
		f/ Béri & Cie, charbon 2.450 »				
2		*Cuisine*	5.770	75		
		f/ Lunel, conserves . 2.580 30				
		f/ Roux, légumes secs 1 970 45				
		f/ Verdeil, épicerie. 1.220 »				
2		*Argenterie*	17.000	»		
		f/ Racine . . . . 17.000 »				
		A reporter. . . .	561.971	50	561 971	50

			Débit		Crédit	
		Janvier				
		Report . . .	561.971	50	561.971	50
		31				
3	3	*Cave*	19.880	»		
1		*à Fournisseurs*			19.880	»
		f/ Crozier, vins . . 14.280 »				
		f/ Johnston, liqueurs 3.450 »				
		f/ Buchanan, liqueurs 1.450 »				
		f/ Martel, liqueurs . . 700 »				
		mes achats du mois				
		31				
1	4	*Fournisseurs*	121.210	»		
1		*à Caisse générale* . . .			121.210	»
		acomptes s/ f^res^ sous esc./ 2 %				
		Kriéger, mobilier . 17.640 »				
		Cassin, mobilier. . 50.000 »				
		Massard, mobilier . 4.900 »				
		Pontonier, électric. 4.900 »				
		Gros, instal. sanit. . 13.720 »				
		Sulzer, chauffage . 19.600 »				
		1er ac/ sur leurs factures				
		Béri, charbons . . 1.450 »				
		Lunel, conserves . 1.500 »				
		Roux, légumes secs. 1.000 »				
		Verdeil, épicerie . 1.000 »				
		Crozier, vins . . 2.000 »				
		Johnston, liqueurs . 2.000 »				
		Buchanan, liqueurs. 1.000 »				
		Martel, liqueurs. . 500 »				
		A reporter . . .	703.061	50	703.061	50

			Débit		Crédit	
		Janvier				
		Report.	703.061	50	703.061	50
		31				
	5	*Divers*				
1		à *Caisse générale* mes dépenses du mois			168.993	85
3		*Frais de 1er Etablissement* honor. avocat-cons., inst. tél. publ.	6.212	»		
2		*Frais généraux* suivant détail livre de caisse, fre Béri étant centralisée dans *Fournisseurs*	17.326	35		
2		*Cuisine* marchés journaliers	24.255	50		
3		*Cave* achat compt/ eaux minérales	200	»		
3		*Crédit Commercial* m/ vers/ en c/ c/	50.000	»		
3		*Banque Nationale de Crédit* m/ vers/ en c/ c/	50.000	»		
3		*Effets à payer* acq. nos 1 et 10	21.000	»		
		31				
1	6	*Fournisseurs*	140.441	50		
		à *Divers*				
4		à *Escomptes et Rabais* m/ esc/ gagnés s/ 2e ac/ s/ fre			2.040	»
3		à *Effets à payer* m/ acomptes			138.401	50
		A reporter.	1.012.496	85	1.012.496	85

		Janvier				
		Report . . .	1.012.496	85	1.012.496	85
		31				
1	7	*Fournisseurs*	19.200	»		
		à *Divers*				
3		à *Banque Nat. de Crédit* . m/ ch/ o/ Cassin nº 1, 2ᵉ ac/			9.200	»
3		à *Crédit Commercial* . . m/ ch/ o/ Crozier nº 1.			10.000	»
		31				
4	8	*Exploitation*	60.145	15		
		à *Divers*				
2		à *Cuisine* . . . . prix de revient p/ virement p/ le mois			25.755	70
3		à *Cave*. . . . . . . prix de revient des sorties du mois, p/ virement			15.613	»
2		à *Frais généraux* . . frais du mois p/ virement . . .			18.776	45
		31				
4	9	*Voyageurs*	74.162	80		
4		à *Exploitation* . . . . consom/ mens/ des voy/			74.162	80
		31				
	10	*Divers*				
4		à *Voyageurs* . . . . . . règlement des notes			67.524	50
4		*Caisse-hôtel* . . . . encais/ du mois	67.012	80		
4		*Exploitation* . . . . ristournes et notes impayées	511	70		
		A reporter. . .	1.233.529	30	1.233.529	30

			Débit		Crédit	
		Janvier				
		Report . . .	1.233.529	30	1.233.529	30
		31				
1	11	*Caisse générale*	84.000	»		
		à *Divers*				
4		à *Caisse-hôtel*			64.000	»
		virem/ des encais/ notes des voy/ .				
3		à *Banque Nationale Crédit* m/ ch/ nº 2			20.000	»
		TOTAL au 31 janvier 19. . . .	1.317.529	30	1.317.529	30
		Ecritures d'Inventaire au 31 janvier				
		31				
5	12	*Pertes et Profits*.	8.959	80		
		à *Divers*				
8		comptes d'ordre constituant d/ pertes			4.819	50
		à *Frais à payer*				
		frais échus et n/ payés, suiv/ détails au livre de frais génér.				
8		à *Réserve* pr *Entret. du mobil.-matériel* 1/10 °/₀ pour la saison de 6 mois 1/60			2.666	65
9		à *Amort/ Agencement* . . 1/10 °/₀ p/ la saison de 6 m/ 1/60 p/ m/			1.266	65
9		à *Amort/ Fr. 1er Etablt* . . 1/10 °/₀ p/ la saison de 6 m/ 1/60 p/ m/			207	»
		A reporter. . . .	8.959	80	8.959	80

Folio			Débit		Crédit	
		Janvier				
		Report	8.959	80	8.959	80
		31				
	13	*Divers*				
5		à *Intérêts et agios*			483	30
		Intérêts en m/ faveur.				
3		*Crédit Commercial*	241	65		
		Int. 6 °/₀ sur m/ dépôt à ce jour.				
3		*Banque Nationale de Crédit*	241	65		
		Int. 6 °/₀ sur m/ dépôt à ce jour.				
		31				
	13	*Divers*				
5		à *Pertes et Profits*			16.029	25
		virement des soldes constituant un bénéfice				
4		*Intérêts et agios*	483	30		
		Intérêt 6 °/₀ à m/ profit.				
4		*Escomptes et Rabais*	2.040	»		
		Escomptes en m/ faveur				
5		*Exploitation*	13.505	95		
		bénéfice brut du mois				
		31				
5	14	*Pertes et Profits.*	7.069	30		
1		à *Capital*			7.069	30
		bénéfice net pour janvier				
			32 541	65	32.541	65

Articles de fermeture et de réouverture des comptes				
31				
Balance de sortie	434.430	75		
à *divers Ctes Débiteurs* . .			434.430	75
fermeture des comptes constituant l'actif				
31				
Divers Comptes Créditeurs	434.430	75		
à *Balance de sortie* . . .			434.430	75
fermeture des comptes constituant le passif				
Février 1er				
Divers Comptes Débiteurs	434.430	75		
à *Balance d'entrée* . .			434.430	75
réouverture des comptes constituant l'actif				
Dito **1er**				
Balance d'entrée	434.430	75		
à *divers Comptes Créditeurs*			434.430	75
réouverture des comptes constituant le passif				
	1.737.723	»	1.737 723	»

8

GRAND-LIVRE
DES
COMPTES GÉNÉRAUX

Capital

DOIT

Mois	Jour	Libellé	Détail	Sommes	c.	Totaux	c.
Janvier	31	Solde créditeur				307.069	30
						307.069	30

AVOIR

Mois	Jour	Libellé	Détail	Sommes	c.	Totaux	c.
Janvier	1	par **Caisse générale**	m./ apport espèces . .	300.000	»	300.000	»
Janvier	31	par **Pertes et Prof.**	bénéfice net mensuel. .	7.069	30	7.069	30
						307.069	30
Février	1er	à nouveau.		307.069	30		

Caisse Générale

DOIT

Mois	Jour	Libellé	Détail	Sommes	c.	Totaux	c.
Janvier	1	à **Capital**	m / apport espèces . . .	300.000	»		
Janvier	31	à **Caisse-hôtel**	vir./ des enc./ des notes .	64.000	»		
Janvier	31	à **Banq. Nat. de Ct**	enc. / m./ chèque n° 2 . .	20.000	»	384.000	»
						384.000	»
Février	1er	à nouveau.		93.796	15		

AVOIR

Mois	Jour	Libellé	Détail	Sommes	c.	Totaux	c.
Janvier	31	par **Fournisseurs**	ac./ s./ les fres . . .	121.210	»		
Janvier	31	par **Frais de 1er Etab.**	honoraises avocat, inst.	6.212	»		
Janvier	31	par **Frais généraux**	suiv./ dét./ livre de Cais.	17.326	35		
Janvier	31	par **Cuisine**	marchés journaliers . .	24.255	50		
Janvier	31	par **Cave**	ach./ eaux minérales. .	200	»		
Janvier	31	par **Crédit Commerl**	m./ v./ en C./C./ . .	50.000	»		
Janvier	31	par **Banq. Nat. de Ct**	m./ vers./ en C./ C./ .	50.000	»		
Janvier	31	par **Effets à Payer**	acq./ effets.	21.000	»	290.203	85
Janvier	31	Solde débiteur				93.796	15
						384.000	»

Fournisseurs

DOIT

Mois	Jour	Libellé	Détail	Sommes	c.	Totaux	c.
Janvier	31	à **Caisse générale**	ac./ sur leurs fres . . .	121.210	»		
Janvier	31	à **Esc. & Rabais**	esc./ gagnés sur pay./. .	2.040	»		
Janvier	31	à **Effets à Payer**	m./ accept./	138.401	50		
Janvier	31	à **Banq. Nat. de Ct**	m./ o./ Cassin 2e ac./ s./ fre.	9.200	»		
Janvier	31	à **Crédit Commerl**	m./ o./ Crozier n° 2 . .	10.000	»	280.851	50
Janvier	31	Solde créditeur				1.000	»
						281.851	50

AVOIR

Mois	Jour	Libellé	Détail	Sommes	c.	Totaux	c.
Janvier	31	par **Mobilier**	mes achats du mois . .	160.000	»		
Janvier	31	par **Agencement**	mes achats du mois . .	76.000	»		
Janvier	31	par **Frais généraux**	mes achats du mois . .	3.200	75		
Janvier	31	par **Cuisine**	mes achats du mois . .	5.770	75		
Janvier	31	par **Argenterie**	mes achats du mois . .	17.000	»		
Janvier	31	par **Cave**	mes achats du mois . .	19.880	»	281.851	50
						281.851	50
Février	1er	à nouveau.		1.000	»		

Mobilier

Date		Doit			Date		Avoir		
Janvier	31	à Fournisseurs m./ achats du mois . . .	160.000 »	160.000 »	Janvier	31	Solde débiteur		160.000 »
Février	1er	à nouveau.	160.000 »						

Agencement

Date		Doit			Date		Avoir		
Janvier	31	à Fournisseurs m./ achats du mois . . .	76.000 »	76.000 »	Janvier	31	Solde débiteur		76.000 »
Février	1er	à nouveau.	76.000 »						

Frais Généraux

Date		Doit			Date		Avoir		
Janvier	31	à Fournisseurs m./ achats du mois . . .	3.200 75		Janvier	31	par Exploitation p./ virement	18 776 45	18.776 45
Janvier	31	à Caisse générale suiv./ dét./ livre de Caisse.	17.326 35	20.527 10	Janvier	31	Solde débiteur		1.750 65
				20.527 10					20.527 10
Février	1er	à nouveau.	1.750 65						

Cuisine

Date		Doit			Date		Avoir		
Janvier	31	à Fournisseurs m./ achats du mois . . .	5.770 75		Janvier	31	par Exploitation p./ virement	25.755 70	25.755 70
Janvier	31	à Caisse générale marchés journaliers . .	24.255 50	30.026 25	Janvier	31	Solde débiteur		4.270 55
				30.026 25					30.026 25
Février	1er	à nouveau.	4.270 55						

Argenterie

Date		Doit			Date		Avoir		
Janvier	31	à Fournisseurs mes achats du mois. . .	17.000 »	17.000 »	Janvier	31	Solde débiteur		17.000 »
Février	1er	à nouveau.	17.000 »						

3 *DOIT* — *AVOIR* 3

Cave

Doit

Mois	Jour	Libellé	fr.	c.	fr.	c.
Janvier	31	à **Fournisseurs** mes achats du mois. . .	19.880	»		
Janvier	31	à **Caisse générale** achat c./ eaux minérales .	200	»	20.080	
					20.080	»
Février	1er	à nouveau.	4.467	»		

Avoir

Mois	Jour	Libellé	fr.	c.	fr.	c.
Janvier	31	par **Exploitation** p./ virement	15.643	»	15.613	»
Janvier	31	Solde débiteur			4.467	»
					20.080	»

Frais de 1er Établissement

Doit

Mois	Jour	Libellé	fr.	c.	fr.	c.
Janvier	31	à **Caisse générale** hon./ avocats, inst. téléph.	6.212	»	6.212	»
Février	1er	à nouveau.	6.212	»		

Avoir

Mois	Jour	Libellé	fr.	c.	fr.	c.
Janvier	31	Solde débiteur			6.212	»

Crédit Commercial

Doit

Mois	Jour	Libellé	fr.	c.	fr.	c.
Janvier	31	à **Caisse générale** m./ vers./ en C./ C./ . . .	50.000	»	50.000	»
Janvier	31	à **Intér. et Agios** int./ 6 °/o en m./ f./ . . .	241	65	241	65
					50.241	65
Février	1er	à nouveau.	40.241	65		

Avoir

Mois	Jour	Libellé	fr.	c.	fr.	c.
Janvier	31	par **Fournisseurs** m./ ch./ o./ Crozier . .	10.000	»	10.000	»
Janvier	31	Solde débiteur			40.241	65
					50.241	65

Banque Nationale de Crédit

Doit

Mois	Jour	Libellé	fr.	c.	fr.	c.
Janvier	31	à **Caisse générale** m./ vers./ en C./ C./ . .	50.000	»	50.000	»
Janvier	31	à **Intér. et Agios** int./ 6 °/o en m./ f./ . .	241	65	241	65
					50.241	65
Février	1er	à nouveau.	21.041	65		

Avoir

Mois	Jour	Libellé	fr.	c.	fr.	c.
Janvier	31	par **Fournisseurs** m./ ch./ o./ Cassin . .	9.200	»		
Janvier	31	par **Caisse générale** m./ ch / n° 2	20.000	»	29.000	»
Janvier	31	Solde débiteur			21.041	65
					50.241	65

Effets à Payer

Doit

Mois	Jour	Libellé	fr.	c.	fr.	c.
Janvier	31	à **Caisse générale** m./ accep./ n° 1 à 10 . .	21.000	»	21.000	»
Janvier	31	Solde créditeur			117.401	50
					138.401	50

Avoir

Mois	Jour	Libellé	fr.	c.	fr.	c.
Janvier	31	par **Fournisseurs** m./ accept./	138.401	50	138.401	50
					138.401	50
Février	1er	à nouveau	117.401	50		

Escomptes et Rabais

		DOIT				
Janvier	31	à Pertes et Prof. vir./des soldes cons. bénéf.	2.040	»	2.040	»

		AVOIR				
Janvier	31	par Fournisseurs esc. gagnés sur pay./	2.040	»	2.040	»

Exploitation

		DOIT				
Janvier	31	à Cuisine p./ virement	25.785	70		
Janvier	31	à Cave p./ virement	15.613	»		
Janvier	31	à Frais généraux p./ virement	18.776	45		
Janvier	31	à Voyageurs res./ et notes imp /. . .	511	70	60.656	85
Janvier	31	à Pertes et Prof. vir./des soldes cons. bénéf.	13.505	95	13.505	95
					74.162	80

		AVOIR				
Janvier	31	par Voyageurs cons./ mens./ des voy./.	74.102	80	74.162	80
					74.162	80

Voyageurs

		DOIT				
Janvier	31	à Exploitation cons./ mens./ des voyag./.	74.102	80	74.162	80
					74.162	80
Février	1er	à nouveau.	6.638	30		

		AVOIR				
Janvier	31	par Caisse-hôtel enc./ du mois. . . .	67.012	80		
Janvier	31	par Exploitation rist./ notes imp./. . .	511	70	67.524	50
Janvier	31	Solde débiteur			6.638	30
					74.162	80

Caisse-Hôtel

		DOIT				
Janvier	31	à Voyageurs enc./ du mois.	67.012	80	67.012	80
					67.012	80
Février	1er	à nouveau.	3.012	80		

		AVOIR				
Janvier	31	par Caisse générale p./ virement	64.000	»	64.000	»
Janvier	31	Solde débiteur			3.012	80
					67.012	80

Pertes et Profits

DOIT

Date		Libellé	Montant	c.	Total	c.
Janvier	31	à Frais à Payer frais échus non payés . .	4.819	50		
Janvier	31	à Réserve p. Entr. 1/10 °/. pour saison 6 mois.	2.666	65		
Janvier	31	à Amort. Agenc^t 1/10 °/. pour saison 6 mois.	1 266	65		
Janvier	31	à Amort. F. 1er Et^t 1/10 °/. pour saison 6 mois.	207	»		
Janvier	31	à Capital bénéfice net mens./. . .	7.069	30	16.029	25
					16.029	25

AVOIR

Date		Libellé	Montant	c.	Total	c.
Janvier	31	par Esc. et Rabais esc. en m./ faveur . .	2.040	»		
Janvier	31	par Exploitation bénéfice brut mens./. .	13.505	95		
Janvier	31	par Intér. et Agios intérêt 6 °/. en m./ f./ .	483	30	16.029	25
					16.029	25

Frais à Payer

DOIT

Date		Libellé	Montant	c.	Total	c.
Janvier	31	Solde créditeur	4.819	50	4.819	50

AVOIR

Date		Libellé	Montant	c.	Total	c.
Janvier	31	par Pertes et Prof. frais échus non payés .	4.819	50	4 819	50
Février	1er	à nouveau.	4.819	50		

Réserve pour Entretien du Mobilier-Matériel

DOIT

Date		Libellé	Montant	c.	Total	c.
Janvier	31	Solde créditeur	2.666	65	2.666	65

AVOIR

Date		Libellé	Montant	c.	Total	c.
Janvier	31	par Pertes et Prof. 1/10 °/. p./ saison 6 mois.	2.666	65	2.666	65
Février	1er	à nouveau.	2.666	65		

Amortissement de l'Agencement

DOIT

Date		Libellé	Montant	c.	Total	c.
Janvier	31	Solde créditeur	1.266	65	1.266	65

AVOIR

Date		Libellé	Montant	c.	Total	c.
Janvier	31	par Pertes et Prof. 1/10 °/. p./ saison 6 mois.	1.266	65	1.266	65
Février	1er	à nouveau.			1.266	65

Amortissement des Frais de 1er Établissement

DOIT

Date		Libellé	Montant	c.	Total	c.
Janvier	31	Solde créditeur	207	»	207	»

AVOIR

Date		Libellé	Montant	c.	Total	c.
Janvier	31	par Pertes et Prof. 1/10 °/. p./ saison 6 mois.	207	»	207	»
Février	1er	à nouveau.	207	»		

Intérêts et Agios

DOIT

Date		Libellé	Montant	c.	Total	c.
Janvier	31	à Pertes et Prof. virement du solde . . .			483	30

AVOIR

Date		Libellé	Montant	c.	Total	c.
Janvier	31	par Crédit Commer^l intérêt en m./ f./. . .	241	65		
Janvier	31	par Banq. Nat. de Ût intérêt en m./ f./. . .	241	65	483	30

SITUATIONS & BILAN

BALANCE OU SITUATION AU 31 JANVIER 19..

F^{os} des comptes	SOMMES	TOTAUX				SOLDES			
		Débit		Crédit		Débiteurs		Créditeurs	
1	Capital			300.000	»			300.000	»
1	Caisse générale	384.000	»	290.203	85	93.796	15		
2	Fournisseurs	280.851	50	281.851	50			1.000	»
2	Mobilier	160.000	»			160.000	»		
3	Agencement	76.000	»			76.000	»		
3	Frais généraux	20.527	10	18.776	45	1.750	65		
4	Cuisine	30.026	25	25.755	70	4.270	55		
4	Argenterie	17.000	»			17.000	»		
5	Cave	20.080	»	15.613	»	4.467	»		
5	Frais de 1er établissement	6.212	»			6.212	»		
5	Crédit Commercial	50.000	»	10.000	»	40.000	»		
6	Banque Nationale Crédit	50.000	»	29.200	»	20.800	»		
6	Effets à payer	21.000	»	138.401	50			117.401	50
6	Escomptes et rabais			2.040	»			2.040	»
7	Exploitation	60.656	85	74.162	80			13.505	95
7	Voyageurs	74.162	80	67.524	50	6.638	30		
7	Caisse hôtel	67.012	80	64.000	»	3.012	80		
		1.317.529	30	1.317.529	30	433.947	45	433.947	45

BALANCE OU SITUATION APRÈS INVENTAIRE AU 31 JANVIER 19..

F^{os} des comptes	SOMMES	TOTAUX				SOLDES			
		Débit		Crédit		Débiteurs		Créditeurs	
1	Capital			307.069	45			307.009	45
1	Caisse générale	384.000	»	290.203	85	93.796	15		
2	Fournisseurs	280.851	50	281.851	50			1.000	»
2	Mobilier	160.000	»			160.000	»		
3	Agencement	76.000	»			76.000	»		
3	Frais généraux	20.527	10	18.776	45	1.750	65		
4	Cuisine	30.026	25	25.755	70	4.270	55		
4	Argenterie	17.000	»			17.000	»		
5	Cave	20.080	»	15.613	»	4.467	»		
5	Frais de 1er établissement	6.212	»			6.212	»		
5	Crédit Commercial	50.241	65	10.000	»	40.241	65		
6	Banque Nationale Crédit	50.241	65	20.200	»	21.041	65		
6	Effets à payer	21.000	»	138.401	50			117.401	50
6	Escomptes et rabais	2.040	»	2.040	»				
7	Exploitation	74.162	80	74.162	80				
7	Voyageurs	74.162	80	67.524	50	6.638	30		
7	Caisse hôtel	67.012	80	64.000	»	3.012	80		
8	Frais à payer			4.819	50			4.819	50
8	Intérêts et agios	483	30	483	30				
8	Réserve p^{r} renouvel^{t} du mobil^{r} et matériel			2.666	65			2.666	65
9	Amort^{t} Agencement			1.266	65			1.266	65
9	Amort^{t} Frais de 1er établ^{t}			207	»			207	»
	Pertes et Profits	16.029	25	16.029	25				
		1.350.071	10	1.350.071	10	434.430	75	434.430	75

BILAN AU 31 JANVIER 19. .

ACTIF

Valeurs immobilisées :		
Mobilier . . . . . valeur estimée.	160.000	»
Agencement . . . id. id.	76.000	»
Argenterie . . . . id. id.	17.000	»
Frais de 1er établissement id. id.	6.212	»
Valeurs engagées :		
Provisions de cuisine.	4.270	55
id. de cave	4.467	»
id. de frais généraux . . .	1.750	65
Valeurs disponibles :		
Caisse générale, espèces	93.796	15
Caisse hôtel id.	3.012	80
Crédit Commercial dépôt à vue.	40.241	65
Banque Nationale de Crédit id. .	21.041	65
Voyageurs, notes à encaisser . . .	6.638	30
	434.430	75

PASSIF

Effets en circulation	117.401	50
Echéances 19. . : 65.901,50		
Echéances 19. . (année suivte) : 51.500		
Frais échus et à payer	4.819	50
Fournisseurs, facture Béri	1.000	»
Réserve pour entretien du mobilier et matériel	2.666	65
Amortissement agencement	1.266	65
id. frais de 1er établissement.	207	»
Capital primitif	300.000	»
Capital bénéfice à ce jour	7.069	45
	434.430	75

Certifié sincère et conforme
à mes écritures.

S. E. et O.

J. Lefèvre.

TABLE DES MATIÈRES

PREMIÈRE PARTIE. — COMPTABILITÉ GÉNÉRALE.

DEUXIÈME PARTIE. — COMPTABILITÉ HOTELIÈRE

LIVRES AUXILIAIRES EMPLOYÉS A L'HOTEL

TABLE DES MATIÈRES

MONOGRAPHIE HOTELIÈRE

LIVRES AUXILIAIRES

LIVRES PRINCIPAUX

Vannes. — Imprimerie LAFOLYE Frères et Cie.

LE LIVRE DE LA PROFESSION

PREMIÈRE CATÉGORIE

Le Livre de l'Apprenti et de l'Ouvrier.

1° **Le Chaudronnier en Cuivre,** par L. GENDRON, Ingénieur des Arts et Manufactures. . . . . . . 8 fr.

2° **L'Horloger,** par Ch. PONCET, Directeur de l'École nationale d'Horlogerie de Cluses, 1er vol. . . . . . 8 fr.

Ouvrage honoré de l'un des trois prix décernés en 1921, au *Concours de Manuels*, organisé par le *Sous-Secrétariat d'État* de l'Enseignement technique au Ministère de l'Instruction publique.

3° **La Fabrication du Drap** (Montage, Échantillonnage), par Ch. THOMAS, Directeur de l'École manufacturière d'Elbeuf et P. ARAUD, Dessinateur en tissus, Chef des Ateliers de Draperie de l'École pratique d'industrie de Vienne . . . . . . 8 fr.

Ouvrage honoré de l'un des trois prix décernés en 1921, au *Concours de Manuels*, organisé par le *Sous-Secrétariat d'État* de l'Enseignement technique au Ministère de l'Instruction publique.

4° **L'Ajusteur-Mécanicien** (Travail à la main), par J. THIBAUDEAU, Ingénieur A. et M., Professeur de l'enseignement technique. 1er vol. . . . 7 fr.

5° **Le Dessin pour l'Apprenti Mécanicien,** par J. FOURQUET, Professeur de l'Enseignement technique . . . . 3 fr.

6° **Le Dessin pour l'Apprenti Menuisier,** par le même. Sous presse.

7° **Le Dessin pour l'Apprenti Forgeron,** par le même. En préparation.

8° **Le Dessin pour l'Apprenti Modeleur-Mécanicien,** par le même. En préparation.

9° **Le Charpentier en Bois,** par J. FOURQUET, et L. RIBOULET, Contremaître-Charpentier, Professeur de Coupe de bois. 7 fr.

10° **Le Lunetier-Opticien,** par J. MONNERET, Directeur de l'École d'Optique et de Lunetterie de Morez . . . 8 fr.

11° **La Géométrie de l'Apprenti,** par L. COLOMBEY, Professeur de l'Enseignement technique . . . . 6 fr.

12° **Le Ferblantier-plombier-zingueur,** par M. THOUVENIN, Sous-Directeur de l'École pratique d'Industrie de Marseille. Sous presse.

13° **L'Automobile** (Petites leçons illustrées de nombreux dessins), par A. BOUZY, Professeur à l'École nationale d'Arts et Métiers de Paris. Sous presse.

14° **L'Apprenti Menuisier,** par J. FOURQUET et A. LEMESLE, Menuisier. Sous presse.

15° **Le Chaudronnier en fer,** par L. GENDRON. Sous presse.

16° **Le Monteur-Mécanicien des Chemins de Fer** (Technologie de la Locomotive) par G. DUBOS, Ingénieur de la Traction à la Cie d'Orléans. En préparation.

17° **Le Modeleur-Mécanicien,** par M. DESBORDES, Professeur de l'Enseignement technique, Chef d'Atelier à l'École pratique d'Industrie de Saint-Étienne. En préparation.

18° **Le Forgeron,** par V. RANCHOUX, Contremaître à l'École pratique d'Industrie de Saint-Étienne. En préparation.

19° **L'Horloger,** par Ch. PONCET, 2e vol. En préparation.

20° **L'Ajusteur-Mécanicien** (Travail aux machines), par J. THIBAUDEAU, 2e vol. En préparation.

Etc., etc.

DEUXIÈME CATÉGORIE

Le Livre de l'Élève de l'École professionnelle et du futur Contremaître.

1° **L'Élève Électricien** (Principes généraux de l'Électricité), par G. NÉRÉ, Ing. diplômé de l'École supérieure d'Électricité de Paris, Professeur de l'Enseignement technique. 1er vol. . . 6 fr.

2° **L'Élève Électricien** (Générateurs), par G. NÉRÉ, 2e vol. . . . . . 6 fr.

3° **L'Élève Électricien** (Transformateurs), par G. NÉRÉ, 3e vol. . . . . 8 fr.

4° **L'Élève Électricien** (Moteurs), par G. NÉRÉ, 4e vol. En préparation.

5° **L'Élève Électricien** (Constitution, installation, conduite et entretien des machines), par G. NÉRÉ, 5e vol. En préparation.

6° **Le Comptable** (Manuel théorique et pratique de comptabilité générale), par E. DEMUR, ancien élève de l'École des Hautes-Études Commerciales, Professeur de l'Enseignement technique, 1er vol. . . . . . . 15 fr.

7° **Le Comptable** (Principales applications de la comptabilité), par E. DEMUR. 2e vol. En préparation.

8° **Le Comptable Hôtelier,** par A. GIRAUDY, Président de la Chambre syndicale des Hôteliers de Nice, et Mme Albert PONS, Professeur à l'École pratique d'Industrie hôtelière de la Côte d'Azur.

Etc., etc. 15 fr.

Le catalogue détaillé, le prospectus général ou le prospectus spécial de chacun des ouvrages de la collection du **Livre de la Profession**, sont envoyés gratuitement à toute personne qui en adresse la demande au Directeur de la *Librairie de l'Enseignement technique*, rue Thénard, Paris (Ve).

ENSEIGNEMENT par CORRESPONDANCE (1)

" L'ECOLE CHEZ SOI "

L'enseignement par correspondance, créé par l'Ecole des Travaux publics en 1891 sous le nom d' « Ecole chez soi », s'adresse particulièrement à tous ceux que leurs occupations journalières empêchent de venir suivre l'enseignement sur place : *puisqu'ils ne peuvent venir à l'Ecole, c'est l'école qui va vers eux.*

Cet enseignement compte par an, en temps normal, plus de 20.000 élèves correspondants et, parmi eux, non seulement des débutants, mais des architectes, des ingénieurs de toutes spécialités, des directeurs d'usine, des chefs d'industrie, etc., qui complètent ainsi leur instruction théorique et pratique. Des anciens élèves des grandes Ecoles : Polytechnique, Centrale, etc., viennent aussi s'y compléter.

L'Enseignement par correspondance a un caractère individuel ; il se compose :

1° *des cours autographiés* entrant dans la préparation suivie par l'élève et spécialement écrits pour cette préparation ;

2° *d'exercices variés*, dans lesquels entre toute la substance des cours et qui nécessitent, pour être traités, la connaissance parfaite de ceux-ci ;

3° *d'un tableau de travail*, ou plan d'études, dressé en tenant compte du temps dont on dispose et qui fixe, d'après cette base, la durée de chaque tâche.

L'enseignement par correspondance est d'une souplesse remarquable, puisque, en raison de son caractère individuel, le tableau de travail du correspondant est dressé d'après sa connaissance et le temps dont il dispose.

En traitant les questions qui lui sont posées, l'élève s'habitue à exprimer ce qu'il sait d'une façon claire, correcte et il acquiert par ce système une faculté précieuse qui peut, à chaque instant, lui être utile dans le cours de sa carrière.

Condition d'admission. — Pour permettre d'indiquer aux nouveaux élèves correspondants l'enseignement qui leur convient, la direction de l'Ecole leur demande d'adresser un bulletin de renseignements faisant connaître la nature des études faites antérieurement et le but à atteindre. Si ce bulletin de renseignements ne donne pas d'indications suffisamment précises, les candidats subissent un examen par correspondance.

Diplômes. — Les diplômes supérieurs qui sont délivrés comme consécration de l'Enseignement par correspondance sont ceux de :

Ingénieur des Travaux Publics ; Ingénieur-architecte ; Ingénieur-mécanicien ; Ingénieur-électricien ; Ingénieur-métallurgiste ; Ingénieur de Mines ; Ingénieur-géomètre ou Ingénieur-topographe.

En 1920, 25.946 élèves appartenant à toutes les nationalités, ont suivi l'Enseignement par Correspondance.

Envoi sur demande de la notice sur l'Enseignement par Correspondance.

(1) L'Enseignement par Correspondance fait l'objet d'une notice illustrée donnant des indications détaillées sur cet Enseignement : fonctionnement, règlement intérieur, tarifs, énumération des préparations organisées. Cette notice est envoyée gratuitement sur demande adressée à la Direction de l'Ecole.

Vannes. — Imprimerie LAFOLYE frères et Cie.

www.ingramcontent.com/pod-product-compliance
Ingram Content Group UK Ltd.
Pitfield, Milton Keynes, MK11 3LW, UK
UKHW022051260726
13993UKWH00001B/47